福屋武人　編著

老年期の心理学

亀谷秀樹　山村　豊　佐藤記道
高野隆一　福田真一　流王治郎
齊藤和良　佐藤将朗　小俣節夫
木村久美子　小林俊雄　京野誠子
成田　猛　松本好生　西山　健　共著

学術図書出版社

はしがき

　21世紀に入り，わが国は今までに経験したことのない速さで高齢社会へと移行しつつある．その主な原因の1つは少子化による若年層の減少によるものだが，他の要因として高齢者の長寿化を見逃すことができない．50年ほど以前には想像もしなかった平均寿命の延びが今や現実のものとなり，それに伴って高齢者に対する社会的対応の変革も急務のものとなっている．

　その1つが高齢者への介護の問題であり，わが国では昭和62年に介護福祉法が制度化されるとともに，国家資格としての介護福祉士の養成が専門学校や短大および大学で実施されるようになった．介護福祉とは「専門的知識および技術をもって，身体上もしくは精神上の障害に対して助言，指導その他の援助を行う」と定義されるように高齢者の尊厳に関わる大切な仕事である．

　本書は介護福祉士を目ざす学生だけでなく，将来に高齢者と何らかの関わりを持つ人々に「老化とは何か」を理解するための心理学書として企画された．従来，老年期は人生区分の最終段階であり，身体の老化とともに心理的衰退を見る時期とされていた．しかし近年の老年心理学研究では老年期を発達心理学研究の一領域に組み入れることで「生涯発達」の概念でとらえられるようになった．本書は序章のタイトル「発達過程としての老年期」で示すように，老年期を幼児期から成人期までの発達段階での生き方の関わりとしてとらえることを編集の方針とした．

　執筆を依頼した先生たちは全国の各地で教鞭をとる専門家たちであるが，限られた紙面でそれぞれの理論をわかりやすく解説頂いた熱意に深く感謝したい．

　また本書の刊行にあたって編集の実務を担当して頂いた学術図書出版社編集部の室澤真由美さんに深く感謝の意を告げたい．

2004（平成16）年6月

編者　福屋　武人

執筆者紹介（執筆順）

福屋　武人*	元川村学園女子大学　教授		序章，第10章第1～3節
亀谷　秀樹	元埼玉工業大学　教授		第1章
山村　豊	帝京大学　教授		第2章
佐藤　記道	国際武道大学　准教授		第3章第1節
高野　隆一	元秋田看護福祉大学　教授		第3章第2～3節
福田　真一	東北文教大学　講師		第4章
流王　治郎**	元環太平洋大学　教授		第5章
齊藤　和良	元新渡戸文化短期大学　教授		第6章
佐藤　将朗	上越教育大学　准教授		第7章
小俣　節夫	元栃木県シルバー大学校 中央校教務部長		第8章第1節
木村　久美子	大阪府病院協会看護専門学校 通信課程準備室　室長		第8章第2節
小林　俊雄	元吉備国際大学大学院　准教授		第9章第1～3節
京野　誠子	元秋田桂城短期大学　助教授		第9章第4節
成田　猛**	元秋田看護福祉大学　教授		第10章第4～6節， 第11章第1～2節
松本　好生	旭川荘医療福祉研究所　所長		第11章第3節
西山　健	大阪教育大学　教授		第12章

＊は編者　　＊＊は編集協力者

目　次

序章　発達過程としての老年期 1

第1章　老化とはなにか？ 6
第1節　老化とはなにか 6
第2節　ヒトはなぜ老化するか 12
第3節　ヒトはどのように老化するか 18

第2章　高齢者は外界をどのように認知するか
　　　　　－健常高齢者の認知機能－ 25
第1節　感覚・知覚の老化 25
第2節　反応時間の老化 34

第3章　高齢者は記憶力が減退し，創造力も衰えるか 40
第1節　老年期の記憶の特徴 40
第2節　加齢による記憶力の低下 44
第3節　老年期の創造性 46

第4章　高齢者の知能は衰えるか 55
第1節　加齢による知能の変化 55
第2節　老年期の知能の特徴 59
第3節　知能の変化による影響 63

第5章　高齢者の感情は不安定か 67
第1節　老年期の感情 67
第2節　老年期の不安感 70
第3節　老年期のうつ状態 74
第4節　感情の混乱と被害感 78

第6章　加齢によってパーソナリティは変容するか 83
第1節　老年期のパーソナリティの発達 83
第2節　老年期におけるパーソナリティの変容 89
第3節　パーソナリティの変容による適応障害 91

第7章　老年期のより良い人間関係とは 95
第1節　対人関係 95
第2節　家族関係 98
第3節　異性関係 102
第4節　地域社会での人間関係 106

第8章　老年期の積極的な社会活動について 110
第1節　高齢者の社会活動 110
第2節　ボランティア活動 116

第9章　高齢者へどのような援助が必要か 122
第1節　基本的援助 122
第2節　カウンセリング 125
第3節　リハビリテーション 130
第4節　レクリエーション 133

第10章　老年期に多い精神障害について 139
第1節　アルツハイマー（Alzheimer）型認知症 139
第2節　脳血管性認知症 143
第3節　初老期に発病しやすい認知症 145
第4節　老年期のうつ病 146
第5節　老年期の幻覚・妄想状態 150
第6節　老年期の神経症 154

第 11 章　老年期の精神障害への対応 161
　第 1 節　脳器質性精神障害への心理的対応（1） 161
　第 2 節　脳器質性精神障害への心理的対応（2） 165
　第 3 節　機能性精神障害への対応 169

第 12 章　高齢者と死 176
　第 1 節　生と死 176
　第 2 節　人間らしい死 179
　第 3 節　死に対する高齢者の意識と身近な人々の対応 181

人名索引

事項索引

序章　発達過程としての老年期

1. 大きく変貌する人口ピラミッド

　わが国の人口構成は近年の少子高齢化の現象によって急速に変化しつつある．
　その推移を主要年度の人口ピラミッドで外観すると著しく変貌するのが分かる（図1）．第2次大戦後間もない1950年頃には高齢者人口が少なく，年齢層の若くなるにしたがって人口比が増大するいわゆる「富士山型」を形成していた．しかし近年の2000年頃には少子化による若年層の現象に比して中高年齢者層の人口比が確保される中膨らみの傾向のいわゆる「つり鐘型」を示してくる．この少子高齢化傾向は今後いよいよ進み，2045年頃には人口の半数を高齢

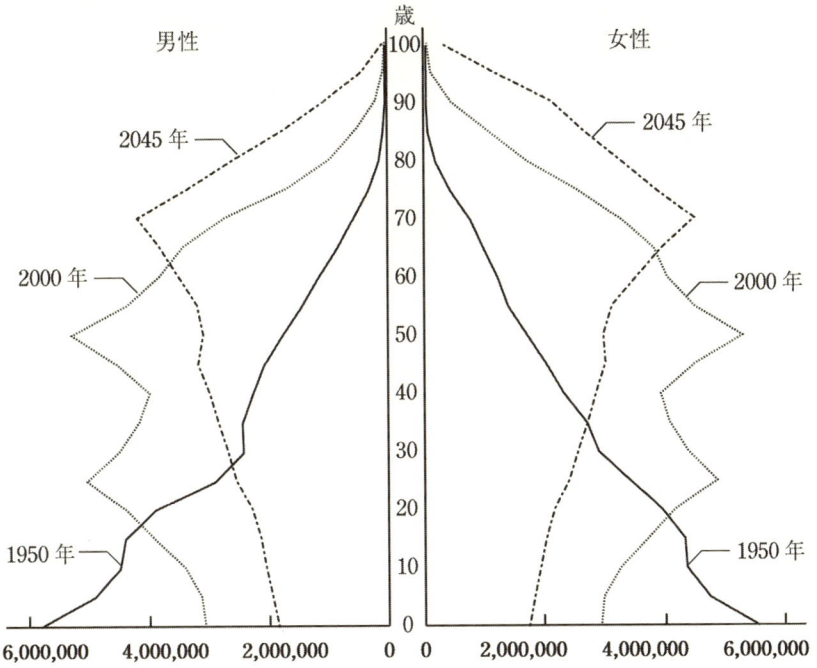

図1　腰高になる人口ピラミッド

（出典：「国勢調査」（総務省統計局），「日本の将来推計人口」（国立社会保障・人口問題研究所）より作成）

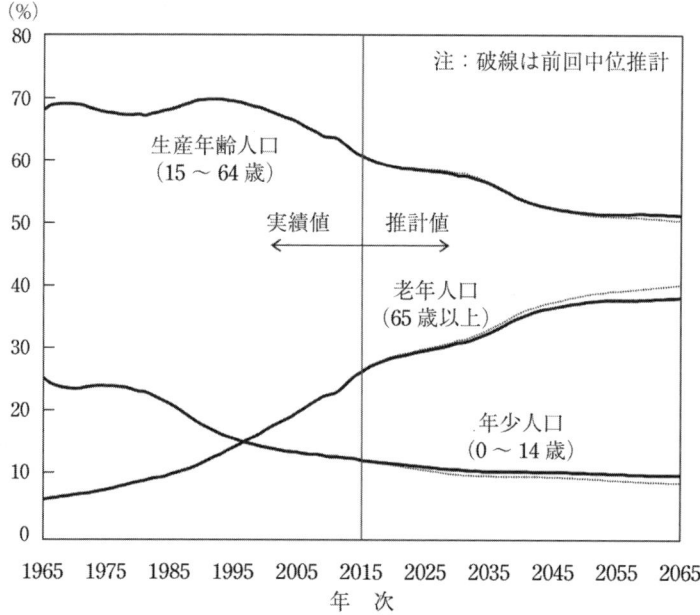

図2 年齢3区分別人口割合の推移 —出生中位（死亡中位）推計—

(出典：総務省統計局『国勢調査報告』および『人口推計年報』，国立社会保障・人口問題研究所『日本の将来推計人口（平成29年推計）結果の概要』)

者が占めるといった腰高の人口ピラミッドが形成されると予測される．

　一方，わが国の総人口は2006年にピークに達した後，徐々に下降を示すが高齢者の人口比は急速に高まっていき，2005年には65歳以上が35％以上に，また75歳以上も20数％以上に達するとも推計されている（図2）．

2. 長寿化とライフ・サイクルの変化

　さらに高齢化傾向を推し進める基底には近年の長寿化があることを見逃すことができない．現在（2000年）のわが国の平均寿命は男性が約77歳，女性が約84歳といった世界でも類を見ない最長寿国となっている．ちなみに100年前の1901年では男性が約44歳，女性が約45歳であったのと比べれば過去100年間の寿命の伸びがわれわれのライフ・サイクルに大きく影響を及ぼしているはずである．

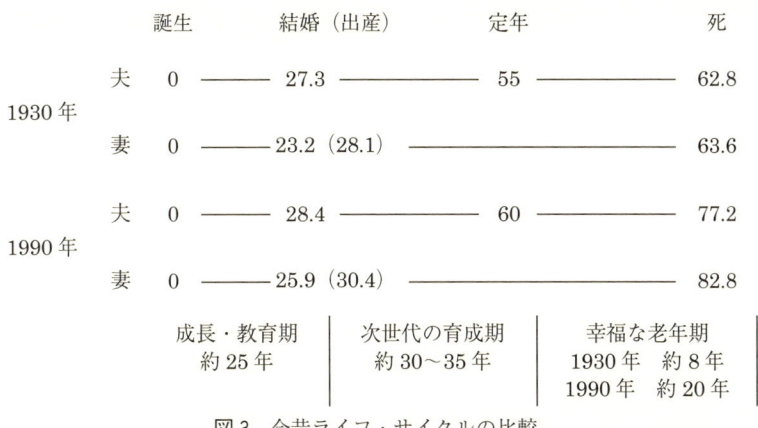

図3 今昔ライフ・サイクルの比較

　図3は1930年と1990年のライフ・サイクルの比較を示したものだが，人生を年齢によって成長・教育期，次世代の育成期，幸福な老年期と3区分した場合に，前者の2時期にもわずかな"ずれ"が見られるが最後の老年期の期間が著しく延びていることが分かる．つまり子育ての期間で成長した子どもが独立して巣立ち，定年によって社会的活動を終えた後の老夫婦だけの生活が長く残されるのである．この時期を一応"幸福な老年期（サクセスフル・エイジング）"と代名詞を冠したとしても，現実には社会から孤立し，さらに女性の場合は夫が死亡した後も8年以上の孤独の生活を過ごさなければならないといった現実が残されている．

　以上のように現在の日本人のライフ・サイクルは戦前では経験することのなかった新たな期間が出現しようとしている．とくに人生の後半期である老年期の長期化は現在の少子化傾向とあいまって日本の社会機構すら変えようとしている．

　老年期とは人生を発達段階によって幼児期，児童期，青年期，成人期と大別した場合に，成人期の後期に区分される最後の時期である．年齢的には社会的慣用にしたがい65歳以降とすることが多いが，前述のように平均寿命が伸びた今日では老年期をひとくくりに考えることが難しくなりつつある．

老年学者ニューガーデン（Neugarten, B.L., 1975）は老年期を75歳位を境として前期（young-old）と後期（old-old）に分け，両者のライフ・サイクルの違いを指摘している．前期は成人期中期（壮年期）までに体験した育児や社会的活動を卒業して，老年期としての新たなライフ・スタイルを確立していく時期であり，後期には高齢者としての心身の衰えに適応したゆとりある生活を維持していく時期であるとしている．また近年では老年期前期・後期に，さらに85歳から90歳を境とした超高齢期（extremely-old）を加えて3つに分け，それぞれの時期の特等を把握する考え方もある．

3. 発達過程としての老年研究

老年期の研究は高齢者人口が徐々に増加傾向を示し始めた1940年代頃からであるとされている．しかし当時は総人口に占める高齢者人口の比率が少なかったこともあって，老年期についての研究も発達心理学における発達課題の領域で考察されるようになった．発達課題とは人生のそれぞれの発達段階で達成すべき課題であり，ハヴィガースト（Havighurst, R.J., 1944）は高齢者が直面する課題として①肉体的な強さと健康の衰退への適応，②仕事からの引退と収入の減少への適応，③配偶者の死への適応などを挙げている．一方アメリカの精神分析学者エリクソン（Erikson, E.H., 1963）は老年期の発達課題を「統合対絶望」の対概念で捉え，過去の人生を意味あるものとして受け入れて積極的に生きることを提唱し，それに失敗した際に絶望に至るとしている．

4. 発達心理学の実証的アプローチ

1960年代に至り，アメリカの行動科学者らによって老年学としての本格的な実証的研究が始められるようになると，彼らは当時すでに発達心理学で確立されていた成長期の発達過程の研究法を導入することにより，老年期特有のライフ・サイクルを見いだしていったのである．

発達過程の研究法にはいくつかの手続きがある．その代表的なものは縦断法と横断法である．まず縦断法は事例研究法とも呼ばれる方法であり，ある個人や集団に対して，一定の基準に従い，ある間隔ごとに長期間にわたって調査を続け，その対象者集団の発達過程における法則性を知る方法である．一方，横

断法はある年齢段階別に，多くの被験者群にわたって標本を抽出し，同じ時期に同じ内容の調査を行うもので，それによって年齢別発達状況の共通性や特質を明らかにしようとするものである．以上の両方法は調査法としては合理的でありながら老年期研究の方法としては実施面では難点が含まれる．つまり縦断法では調査に長期間を要するため，被験者群に何らかの支障（たとえば病気や死亡）が生じた場合に，その調査は中断せざるを得ないし，高齢者が対象の場合はその危険性が若年者群に比べて極めて高い．また横断法の場合は出生時の時代背景や環境の違い（コホート効果）が加齢による違いと混合して高齢者の場合に判読しにくいという難点がある．

　行動科学者シャイエ（Schaie, K.W., 1965）は縦断法と横断法の欠点を補う方法として系列法（方略法・ストラテージ）の方法を提唱している．方略とはある課題に直面し，それを解決しようとする場合にある規則性に基づいて情報を収集して処理するやり方である．彼は老年期研究で効率的な情報の収集としてコホート系列ストラテージ，時間系列ストラテージ，横断系列ストラテージの3つの系列を考えた．コホート系列ストラテージでは測定時でコホートの影響のあるものと加齢変化によるものを分類し，時間系列ストラテージでは測定時点での年齢差による違いのみを抽出する．さらに横断的ストラテージでは測定時点での年齢コホート差のみを抽出する．

　以上の3つの系列のストラテージによって得られた効果を統計的に統制することで，従来，難しいとされてきた高齢者の発達過程に研究のメスが入れられるようになった．1995年にアメリカ心理学会の分科会として「成熟期と老年期」が設けられると，それまで人生の衰退の時期とされていた老年期は出生から死に至るまで発達するとする生涯発達の概念に組み入れられるようになった．つまり高齢者の心身の機能が成熟期以後もどのように発達（衰退）していくかを課題として調査研究された結果，成人期以降もすべての機能が衰退するとは限らないことが明らかになっている．

　つまり老年期は人間の生涯にわたる発達過程の一時期であり，幼児期から成人期までの発達段階での生き方と深い関わりのある時期であると言える．

第1章 老化とはなにか?

　老化と死は，人間の永遠のテーマであり，哲学や宗教，芸術・文学といった人の営みの多くは，この問題を巡る思索から生まれてきたといっても過言ではない．さらに，現代社会においては，寿命の延長と少子化によって人口の高齢化が急速に進行し，年金制度や老人介護といった高齢化社会特有の問題が，社会的にも大きな関心を集めている．こうした社会的要請を背景として，心理学においても，老年期を含めた人間の生涯の発達（life-span development）という観点が強調されるようになり，新たに老年心理学（psychology of aging）という分野が確立した．

　本書は，老年心理学におけるさまざまな課題について，以下の章で取り扱うが，この章では，まず老化に関する基本的な問題について，老化とはなにか（what），ヒトはなぜ老化するか（why），ヒトはどのように老化するか（how）という3つの側面から考えてみよう．

第1節　老化とはなにか

1. 老化の定義

　ヒトを含む生物の一生は，受精に始まり，死で終わりを告げるライフサイクル（life cycle)とみなすことができる．このライフサイクルにおける最終段階が老年期である．老年期の人々を高齢者あるいは老人といい，世界保健機構（WHO）によると，暦年齢で65歳以上の人々が該当する．主にこの老年期に顕著となる諸変化を老化（aging）という．

　老化という現象は生物学的・心理学的・社会文化的な側面を含んだ複合的な現象であるが，その基本は生物学的なプロセスであり，それに心理学的，社会文化的な修飾が加わったものと考えるのがよいだろう．したがって，老化を科学的に捉えるためには，まず老化とはなにかを生物学的に定義する必要がある．

　老化に関する生物学的定義にはさまざまなものがあるが，代表的なものがメイナード・スミス（Maynard Smith,J）の定義である．それによると，老化とは，「加齢に伴う生体の機能の低下により，繁殖能力の減少と死亡率の増大をも

たらすプロセス」(Maynard Smith,J., 1959) のことである．この定義から明らかなように，老化は，ライフサイクルにおいて，生殖期以降に起きる主として衰退的な諸変化をいう．老化は，英語では aging あるいは senescence という．aging は，受精から死までのライフサイクルにおける年齢と関連した変化を意味する広義の概念で加齢という訳語が適当であるが，生殖期終了以降の変化を示す狭義の老化に当たる senescence と同義的に用いられ，学術用語としても，一般的に aging を用いることが多い．

ストレーラー (Strehler,B., 1982) は，生物学的な老化プロセスに次の4つの特徴があることを指摘した．

①有害性（deleterious）
②進行性（progressive）
③内因性（intrinsic）
④普遍性（universal）

①の有害性とは，老化が基本的に生理機能の衰退プロセスであり，その結果，繁殖能力は損なわれ，死亡率が増大するという個体にとって有害な変化をもたらすということである．さらに，老化プロセスは，時間経過とともに一方向にゆっくりと進行する蓄積的かつ不可逆的な現象である②．また，老化は，細胞内で進行する内因性のプロセスであり，あらゆる外的な侵害因子（放射線，紫外線等の物理的ストレスなど）を排除しても，老化を避けることはできない③．最後に，老化現象はすべての人に生じる普遍的現象である④．老化速度に個人差はあっても，年を取らない人はいない．この意味で，老化は，一部の個人にのみ見られる疾患（認知症など）と区別される．

ストレーラーの挙げたこれらの観点は，老化という現象の特質を簡潔に要約した優れた指摘だといえよう．しかし，老化は基本的には衰退過程であるが，生物には機能の衰えを補償する作用がある．他の章に述べられるように，知能のある側面は老化によって衰えていくが，老人は人生経験の蓄積によって形成された「知恵」によって，その衰えを補うことができる．また老化の普遍性についても，生物によっては顕著な老化を示さないことが知られており，これらの事実は，老化が一筋縄では理解できない複雑な現象であることを示している．

2. 老化と寿命

老化は時間とともに死亡率の増大をもたらす現象であるので,横軸に年齢をとり,縦軸を生存率とすると,生存率は図1-1に示すような指数関数曲線を描く(図1-1A).ヒトでは,30歳を過ぎると,約8年毎に死亡率が倍増することが知られている.これをゴンペルツの公式(Gompertz's equation)という.これに対して,死亡率が年齢と無関係で一定の場合(たとえば,死亡原因が年齢と関連しない事故のみである場合),生存率は図1-1Bのように変化する.この例では,死亡率は加齢とともに増加せず,老化という現象を認めることはできない.

生物が受精してから死に至るまでの期間を寿命(life span)といい,生存率50%に相当する年齢が平均寿命(mean life span)である.また,この生存曲線が横軸に交わる年齢,すなわち最後まで生存した個体の寿命を最大寿命(maximum life span)という.また,ある年齢の人々が平均してあと何年生きられるかを示す指標が平均余命(mean life expectancy)である.

ヒトの平均寿命や平均余命は生命表(life table)という統計データに基づいて計算される.生命表は,ある年度の各年齢毎の死亡率を載せたもので,ある年齢の集団が,今後生命表の死亡率に基づいて毎年減少していくと仮定して,

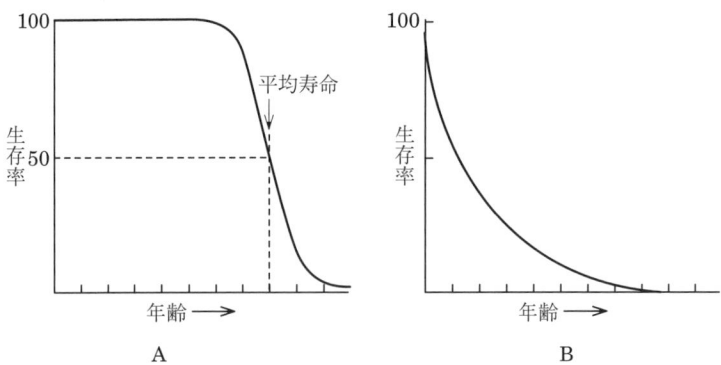

図1-1 生存曲線の例.1Aはある一定年齢を過ぎてから死亡率が増大するケース.1Bは,死亡率が年齢と無関係で一定の場合(事故死など).1Aにみられる成人期以降の生存率の指数関数的低下は,老化プロセスの進行によるものである.平均寿命,最大寿命は,それぞれ生存率50%,0%の年齢として定義される(Arking, 1998).

その集団の生存率が50％になる年齢からその集団の現在の年齢を引いた値がすなわち平均余命である．また0歳児の平均余命を，平均寿命という．

3. 老化の可塑性

老化という現象を考慮する際に重要なのは，老化には種間にさまざまな変異が見られることである．ヒトにおいても，個人差が大きく，同一の個人のなかでも老化の影響が顕著に現れる機能と老化に影響されにくい機能がある．また，老化に伴ってさまざまな疾患の罹患率が増大するが，老化プロセスそのものは疾患ではない．すべての人に等しく現れる正常な老化と一部の高齢者にのみ起きる病理的な疾患を区別することが重要である．

(1) 種差

地球に生命が誕生して以来，多様な生物が進化してきた．現存する生物の間には，老化や寿命に関して大きな変異が認められる．

バクテリアのような原核生物（染色体を囲む核膜を持たない生物）は，1個体が2個体に分裂してクローンを生み出していく．その間には親子関係はなく，環境条件さえ整っていれば無限にクローン増殖していくという意味で，基本的に原核生物は不老不死である．老化や死は，真核生物（染色体が核膜によって細胞質から隔絶された構造を持つ生物）において，有性生殖（2個体が遺伝情報を交換しあって新しい個体を生じる増殖法）が進化したことで現れた新しい現象であると考えられている．

老化する生物において，老化現象は著しい多様性を示す．表1-1はさまざまな動物の最大寿命を示している．哺乳動物では，霊長類，とくにヒトの寿命が長く，122歳の長寿記録がある．短命な哺乳動物は一般に身体が小さく，かつ代謝レベルが高いラットのような小動物が多い．しかし，他の動物種に眼を向けると代謝率や身体の大きさの法則が適用できない例が少なくない．一般に，鳥類は代謝率が高く，体が小さくても長命であり，爬虫類，両生類にはさらに長寿の傾向がある．無脊椎動物である二枚貝の一種は200年を超える長寿のものがあるという．

表1-1 動物の長寿記録（年齢）

(哺乳動物)		(鳥類)	
ヒト	122	オウム	>90
インド象	>70	コンドル	75
チンパンジー	55	フクロウ	68
ネコ	30	ワシ	55
クマネズミ	5	セグロカモメ	49
フクロネズミ（雄）	0.9	ワタリガラス	44
(爬虫類・両生類)		(魚)	
ガラパゴスゾウガメ	180	アラメヌケ	120
ヨウスコウワニ	52	コイ	50
ヨーロッパヒキガエル	36	オヒョウ	40
(海洋無脊椎動物)		(昆虫)	
ホンビノスガイ	220	女王アリ(Formia exsecta)	27
ハマグリ	53	女王バチ	5
ロブスター	40	働きバチ	0.9

(Gosden, 1996; Hayflick, 1994 などに基づいて作成)

　これらの生物種の間では，寿命のみならず老化のパターンにも相違が認められる．たとえば，ナマズやコイなどの魚類やワニ，カメなどの爬虫類では，加齢とともにただ身体が大きくなるだけで，生殖能力の低下やその他の顕著な老化の徴候を示さないことが知られている．このように，老化パターンには，①老化が速やかに起きるケース（太平洋サケ，雄のフクロネズミなど），②老化がゆっくりと進行するケース（ヒトなど），明瞭な老化が認められないケース（魚類の一部や爬虫類など）がある．

　さまざまな種の間に見られる寿命や老化パターンの変異は，それぞれの種の繁殖戦略に基づく進化的適応を反映している．生物は，環境の資源（エサなど）が有限であるために，生存と繁殖という2つの課題に資源を振り分けるという課題に直面している．一般に，捕食されて死亡する可能性の高い動物ほど多産で短命の傾向があるが，これは生存よりも繁殖に資源を集中するためと考えられる（これをr戦略という）．捕食される危険性が低い生物（甲羅で体を保護する亀や飛翔能力をもった鳥，深海に住む貝類など）は，多産の必要がないため，体の修復に資源を回すゆとりができる（k戦略）．それがこれらの生物が長寿である理由であるという．

(2) 個人間・個人内差

同一の生物種のなかでも，老化の速度には大きな個体差があり，その結果，老化に伴って個体差は次第に拡大していく．年をとっても若々しい個体がいる一方，老化兆候が早くから現れる個体も存在するのである．いわゆる平均的高齢者像が，実際には多くの高齢者に該当しない場合も少なくない．それゆえ，個人の老化パターンをよりよく捉えるためには，暦年齢（chronological age）のみでなく，他の年齢概念が必要となる．これらの年齢概念に，生物学的な身体的老化度を表す生物学的年齢（biological age），認知や情動といった心理機能の老化尺度である心理学的年齢（psychological age），社会的役割の変化等を反映する社会的年齢（social age）などがある．80歳の高齢者で，心身ともに健康でボランティア活動に打ち込んでいる人は，歴年齢は進んでいるが，生物学的，心理学的，社会的年齢は若いといえる．

また，同一個体内においても，生体の機能によって老化速度は大きく異なっている．加齢変化が早期にしかも顕著に現れる臓器（胸腺）もあれば，その反対に，加齢の影響がほとんど認められない機能もある（パーソナリティ特性）．

(3) 正常老化と異常老化

老年期には，さまざまな疾患に罹患する割合が増大し，多くの高齢者はいくつもの慢性疾患を抱えることとなる．しかし，老化は普遍的現象であるので，一部の人のみに起きる疾患と，老化そのものによってすべての成員に起きる変化を，異なるプロセスとして区別しなければならない．疾患によらない老化プロセスによる変化を正常老化（normal aging）あるいはプライマリー・エイジング（primary aging）といい，一方老年期に増える疾患による変化を異常老化（abnormal aging）またはセカンダリー・エイジング（secondary aging）という．

異常老化をもたらす疾患の多くは，慢性疾患である．高血圧症，動脈硬化，心臓疾患，関節炎，認知症など加齢に伴って罹患率が増大する疾患は少なくない．これらの疾患による変化を除いた老化プロセスそのものによる機能低下が正常老化である．たとえば，老眼は，水晶体の加齢変化によって近視野に焦点を合わせづらくなる変化のことで，40歳を過ぎると顕在化するが，それ自体疾

患ではなく，視覚システムの正常老化であると考えられる．しかし，白内障や緑内障は一部の高齢者にのみ発症する疾患であり，異常老化の一例として捉えられる．また，人の名前がなかなか思い出せないといった軽度の記憶障害は年をとると誰にでも起きることであるが（正常老化），時間や場所の見当識も失われる重篤な認知機能障害は認知症による病理的な異常老化が疑われる．

第2節 ヒトはなぜ老化するか

1. 老化の進化論

生物とは，遺伝情報をコピーして増殖する性質をもった分子である．有性生殖する生物が自らの遺伝子を他の個体の遺伝子と混ぜ合わせて子孫に伝えることを目的として作られているとすると，生殖期が終わった後の老年期にはどんな意味があるのだろう．

これにはいくつかの異なった見方がある．かつてワイスマン（Weismann, A., 1891）は，老化というプロセスが次の世代と交代するために必要なプロセスであり，進化論的にみて適応的で，種の生存に積極的な意義があると論じた．しかし，通常，野生の生物で老齢期に達する個体は稀であり，老化プロセスに淘汰圧がかかるとは思われない．さらに現在では，自然淘汰は種レベルでは働かないとされており，多くの学者は，老年期は，単に生殖期が終わった後の遺伝的プログラムが尽きるまでの期間にすぎないとみなしている．

カークウッド（Kirkwood, T.）が提唱した「体細胞の使い捨て理論」（Soma disposal theory of aging）では，生物は限られた資源のなかで，自己の体の修復に使うエネルギーと生殖のためのエネルギーの間でバランスをとっているというバイオエコノミクスの立場から出発する．それによると，われわれ有性生殖を行う生物は，異性と出会い，子供を作って子育てを終えるまでの生殖期を無事に生き抜くことができるように遺伝的にプログラムされている．しかし，生存と生殖は常にトレードオフの関係にあるため，生体の損傷を修復して個体を不死化することは，生殖に使えるエネルギーの無駄遣いであり，生物は完璧な修復機構をもつことができない．そのため，一定の生殖期間が過ぎた後は，保証期間がきれた後の電気製品に次々と故障が生じて，やがて使えなくなってしまうように，生物も蓄積していく損傷に対処できなくなり，死に至るという

(Kirkwood, T., 1999). ヒトでは生体の修復機構がうまく働くのは子育てが終わるまでの40～50年であり，その後は，DNAの損傷や蛋白質，脂質などの生体構成成分の変成が始まって，さまざまな老化の兆候が顕著になっていく．

また，生殖期を過ぎるとさまざまな有害な遺伝子が蓄積していくとする見方もある（有害遺伝子蓄積説）．2つの対立遺伝子があって，一方が15歳で発現して死をもたらし，一方が30歳で発現する致死遺伝子であるとすると，自然淘汰は後者の遺伝子を選択する方向に働く．なぜなら，15歳で発現する致死遺伝子をもった個体は子孫を十分に残せないからである．30歳以降発現して有害な作用をもたらす遺伝子は，繁殖率に影響しない限り，淘汰の網の目を逃れることとなる．このようにして，個体の生存に不利に働く遺伝子は次第に人生後期に発現するものに変化していくはずである．たとえば，ハンチントン舞踏病遺伝子は35歳を過ぎたころから発現する．有害遺伝子蓄積説を提唱したメダワー（Medawar, P.B., 1952）は，老年期を遺伝子のゴミ箱（genetic dustbin）と呼んだ．

有害遺伝子蓄積説の変型である拮抗多面発現遺伝子説（ウイリアムス，Williams, G.C., 1957)では，生殖期には個体の繁殖に有利に働くが，後生殖期には有害な作用をもたらすものを拮抗多面発現遺伝子とよぶ（Williams, G.C., 1957）．たとえば，発ガン遺伝子（oncogene）は発達初期には細胞の増殖や分化に重要であるが，中年期以降に発現するとガンをもたらすと考えられる．また，性ホルモンであるエストロゲンは乳ガンの危険因子のひとつとされている．こうした見方の一方，老化に関係する遺伝子（gerontogene）が自然淘汰圧を受けずに潜在し，老化を促進するという意見もある．

これらの理論に対して，老年期の進化的意義を積極的に評価するのが「祖母の役割理論」（Grandmother theory）である．ヒトの女性では閉経後も長い老後がある．一方チンパンジーは繁殖能力を失った後，長く生きることはない．この違いは，チンパンジーと比べて，ヒトでは子どものケアにより大きな「投資」を長期間続けなければならないことにあるという（Hawkes, K., 2003）．子どもの数が増えると「投資」を続けることができなくなるばかりでなく，高齢出産による危険が高まる．そこで登場するのが祖母である．祖母は，孫の世話を通して，娘から孫に受け渡した自己の遺伝子の保存に貢献することが可能

であり，これにより祖母という存在を促す進化的淘汰が進んだという．この理論では，ヒトにおいて閉経後も死亡率の急激な増大が見られず，さらに長い年月を生き続けることができるという事実を説明できる．

2. 老化に伴う細胞損傷のメカニズム

進化論的に見ると，後繁殖期である老年期は，遺伝的な保証期間が切れた後に，さまざまな故障が生体に蓄積していく時期と見なすことができる．それでは，どのようなメカニズムが生体の活力を損なっていくのだろうか？ この問題を巡って，これまで数多くの理論が提唱されてきた（表1-2）．これらの理論を大別すると，老化を細胞レベルでのランダムな損傷の蓄積と見なす立場と，体系的なカスケード（一連の出来事）によって細胞老化の引き金が引かれるとする立場に分けることができる．ここでは，これらの老化に対する見方について，各々，現在活発な研究が行われている2つの代表的な理論について紹介しよう．

(1) フリーラジカル説

老化のランダム説の主要な理論の1つがフリーラジカル説である．

魚や昆虫などの変温動物は，環境温度が低いと時間当たりの酸素消費量が低くなり，寿命が伸びることが知られている．また恒温動物でもネズミのように体が小さく代謝率（単位時間当たりの酸素消費量）の高い動物は，大きな体を持ち，代謝率の低い動物よりも短命である．このように老化と代謝は逆相関の関係にある．代謝とは酸素によって生体内のエネルギーを燃やすことである．これらの事実から，ハーマン（Harman, D.）は1950年代半ば，生体内で代謝の副産物で生ずるフリーラジカル（遊離基）こそ，老化の促進因子であるという説を提唱した（Harman, D., 1956）．

フリーラジカルとは，原子核の周りを回っている一対の電子のペアのうちの1つが軌道から飛び出し，不対電子を持った分子のことをいう．不対電子を持った分子は不安定であり，他の分子から電子を奪ったり，与えたりしてペアを作ろうとする．このため，フリーラジカルには，他の分子との反応性が非常に高いという性質がある．フリーラジカルのなかでも生体の中でとくに問題とな

るのが，ヒドロキシ・ラジカルのような活性酸素である．フリーラジカルは，生体がエネルギーを産生するプロセスである呼吸中に形成される．すなわち，生物が生きていくエネルギーは，ATP（アデノシン三リン酸）がADP（アデノシン二リン酸）に変換するときの化学エネルギーに依存している．ATPはブドウ糖を燃やして（酸化して）二酸化炭素と水に分解するときに得られる．

呼吸は細胞内ではミトコンドリアで行われるが，この呼吸は化学的に見ると電子の受け渡しプロセスであり，その途中にしばしば余剰の不対電子を持ったフリーラジカルが生成してくる．いわば生きていくための代償として支払うのがフリーラジカルなのである．その他にもフリーラジカルは，虚血，ストレスなどの病理的状態や，光，紫外線，喫煙などでも産生される．フリーラジカルは反応性の高い分子なので，容易に細胞分子に反応して，その構造を変えてしまう．細胞の機能の維持に必須の物質であるDNAや細胞膜を構成する脂質，タンパク質でできた酵素がフリーラジカルの攻撃を受けて変成し，その結果，細胞機能が損なわれて細胞死が起きると考えられている．

フリーラジカルは，ガン，心疾患，動脈硬化など種々の疾患の原因の1つに挙げられているが，老化という進行性のプロセスにも重要な役割を果たしていることが明らかになりつつある．好気性生物には，生体防御機構があり，有害なフリーラジカルを処理する酵素（抗酸化酵素）を備えているが，その1つであるスーパーオキシドディスムターゼ（SOD）の活性度が高い動物ほど寿命が長いことが見いだされている．さらに，ビタミンCやビタミンEといった抗酸化作用を持ったビタミンの摂取は，寿命延長の効果があるとする報告がある．現在知られているもっとも有効な寿命延長法であるカロリー制限は，通常のカロリー摂取量の30〜40%をカットすることで，マウスやラットの寿命を50%も延ばす効果がある．このカロリー制限の効果は，フリーラジカル産成量の低下が媒介している可能性が高い．

(2) テロメア説

個体の死は細胞の死に他ならない．個別の細胞が増殖を停止して死ねば，個体も死ぬことになる．それでは，細胞はどれくらい増殖できるのだろうか？　かつて，個別の体細胞は，理想的な条件下で培養すると無限に分裂を続けられる

と信じられていたが，このドグマを打ち破ったのがヘイフリック（Hayflick, R.）である．1950年代にヘイフリックは，体細胞（線維芽細胞－コラーゲンなどの結合組織を構成するタンパク質を作る細胞）の分裂回数が有限で一定の値をとることを見いだした．さらに，分裂回数は寿命と相関があり，ヒトでは，余命の長いほど分裂回数が多く，動物間の比較でも，長寿の動物ほど分裂できる回数が多いことがわかった．たとえば，体細胞の分裂回数は長寿のカメで108回，ヒトは50回，ニワトリ25回，マウス21回である．一般に，不死化した異常なガン細胞を例外として，正常な体細胞には，こうした分裂回数の限界－ヘイフリック限界－がある（Hayflick, R., 1994）．

　このような細胞の分裂回数に限界のメカニズムには，テロメア（telomere）が関係している可能性が指摘されている．テロメアとは，染色体の末端部にある同一の遺伝情報の繰り返し部位のことである．テロメアはTTAGGGという塩基配列を一単位とし，合計2000個程度の繰り返し構造をしている．テロメアの機能は，染色体を安定化する働きにあるという．DNAの複製には，DNAポリメラーゼという酵素が必要である．この酵素は，DNAの末端部に結合してDNA上を滑るように移動しながら塩基配列を読みとってそのコピーを作っていく．ところが，DNAポリメラーゼが結合したDNAの近接部位は認識不能でコピーされずに残ってしまう．このため，DNAポリメラーゼによってDNAが複製される度にテロメアは次第に短縮していくのである．細胞が分裂を繰り返す度にテロメアは5～20セグメントが失われていき，ある限界点に達すると，細胞は分裂を停止する（図1-2）．それゆえ，テロメアの減少をもって細胞の分裂能力，すなわち老化度の指標と見なすことができるという（Harley, C.B., 2001）．

　ガン細胞では，テロメラーゼという酵素が作られており，この酵素の働きで分裂時に失われたテロメアを補うことができる．もしもガン細胞の不死化のメカニズムがテロメラーゼによるものだとすると，テロメラーゼの働きを阻害する薬物が開発されれば，細胞のガン化を防ぐことができる可能性がある．また一方，正常細胞にテロメラーゼを発現することができれば，細胞の老化を遅らせることが可能になるかもしれない．不死細胞と可死細胞を細胞融合させると，細胞は可死化するが（可死遺伝子が優性形質），可死化しないで残った不死細胞

第2節　ヒトはなぜ老化するか　17

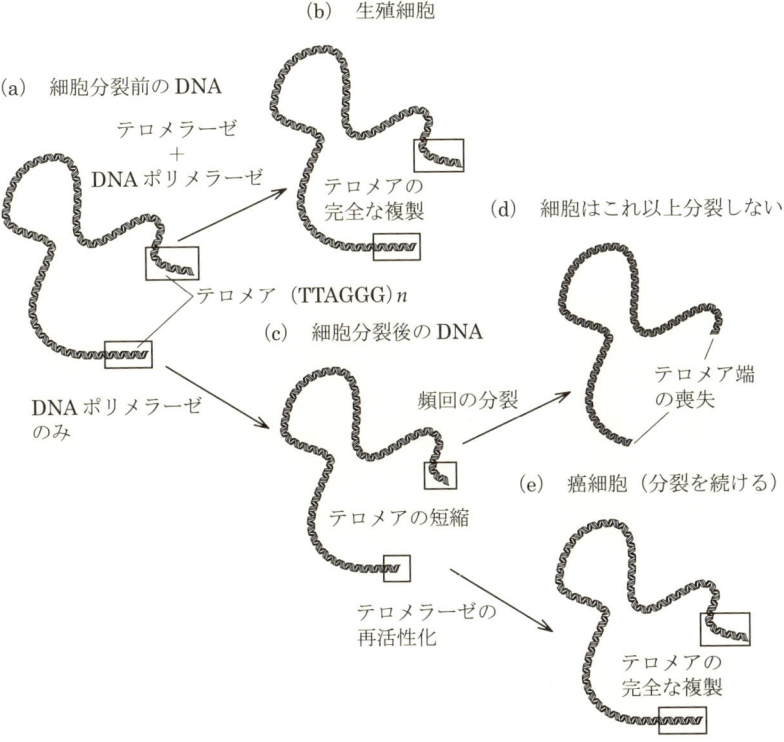

図1-2　細胞分裂に伴うテロメアの短縮．細胞分裂時，DNAポリメラーゼによってDNAが複製される際に，テロメアは完全に複製されず短縮してしまう．テロメラーゼという酵素にはテロメアの短縮を防ぐ働きがあるが，正常細胞では，その活性は抑制されており，テロメラーゼが活性化しているのは，生殖細胞やガン細胞に限られる（Arking, 1998）．

を調べると，第1染色体に欠損が認められる．この事実から，第1染色体に可死遺伝子の存在が想定される．おそらく，第1染色体には，テロメラーゼの発現を抑制する遺伝子があると考えられる．また第4染色体にも可死遺伝子の存在が確認されている．テロメア説は，老化速度を遅らせるという夢の実現の可能性を秘めており，現在テロメアを巡ってさまざまな研究が進行中である．

　老化に関する理論にはこれ以外にも，数多くの見方が提唱されている（表1-2参照）．これらの理論は，必ずしも互いに対立するものではなく，さまざまなメカニズムが絡み合って老化を促進していくと考えるのがよいかもしれない．

表1-2 さまざまな老化理論

ランダムな損傷の蓄積説	すりきれ説：	日々のストレスによって細胞の主要な構成成分が損傷を受けていく．その蓄積が老化になって現れる．
	DNA損傷説：	細胞の基本的設計図であるDNAが内因性・外因性の損傷を受けることにより，細胞死が起きる．
	エラー破綻説：	RNAの転写・翻訳のエラーが蓄積して，最終的に細胞分裂を停止させる破局点を生じる．
	蛋白質変成説：	細胞機能の維持に必須の蛋白質の構造に変化が起き，その結果，細胞機能が損なわれていく．
	フリーラジカル説：	フリーラジカルによる細胞構成分子の酸化変成が細胞死を引き起こす．
体系的老化理論	遺伝子プログラム説：	老化を導くようプログラムする老化遺伝子によって老化が進行する．
	テロメア説：	染色体末端部のテロメアの短縮によって，細胞は増殖を停止する．
	生命速度説：	生物には，一生の間に消費するエネルギーに一定量があり，そのエネルギーの減少プロセスが老化である．
	神経内分泌説：	生体の活力を維持するうえで重要な種々のホルモンの分泌低下によって，老化現象が起きる．

第3節 ヒトはどのように老化するか

1. 主要な生体機能の老化

　前節で述べたように，老化に伴って，細胞にはさまざまな損傷が蓄積していく．その結果，細胞が構成する臓器の機能も損なわれていくことは避けられないことである．まず，図1-3に老化によって大きく損なわれる臓器の機能の一例を示した．この図から明らかなように，呼吸器や腎臓，さらには心臓，血管など主要な臓器には顕著な加齢変化が認められる．肺では，肺活量や最大換気量などの指標で著しい低下がみられるし，腎臓の機能も大きく損なわれて，腎不全などの腎疾患が高齢者で少なくない．血管は肥厚化し，動脈硬化が進行していく．骨量の減少は骨粗鬆症といった疾病となって高齢者を悩ますことになる．感覚器の老化は，感覚閾値の上昇を招いて，老眼や老化性難聴といった日常生活上の問題を生じることになる．さらに，免疫機能の低下が高齢者の感染症を致死的にしたり，内分泌系の老化によって生殖能力の減退や生体のホメオスタシスを維持することが困難になるなど，生体機能の加齢変化のリストはまことに多彩である．しかし，生体には代償作用があって，ある程度の機能低下を補う働きがある．この代償作用の効果によって，一般に安静時の生体機能に

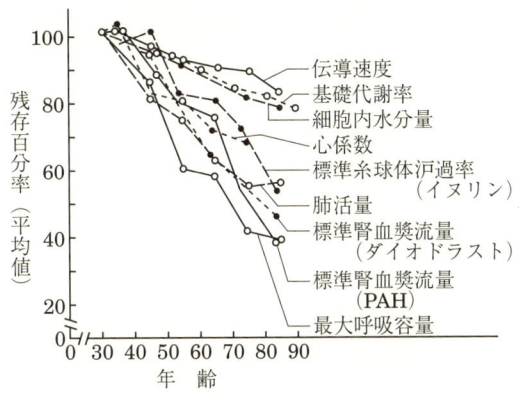

図1-3　種々の生理機能の加齢変化（太田，1988）．

は大きな変化は見られないことが多い．だが，ストレスを負荷すると，たちまち機能の限界が露呈してくる．このように，生体機能の加齢変化は，一般的に，予備能力の低下として特徴づけることができる．すなわち，生体の老化は，機能の低下とそれに対する代償的変化の相互作用の結果と見なすことができる．

種々の臓器の老化パターンの詳細な解説は他書に譲るとして（Medina, J. J., 1996），ここでは，脳の老化を中心に，生体機能の老化を概観しよう．

2. 脳の老化

脳は，こころを生み出す器官であり，高齢者の心理を考えるうえでも，脳の構造と機能の加齢変化を理解することは極めて重要である．

脳のマクロ的変化の指標の1つである脳重量は，出生時の400gから次第に増加して10歳にはおよそ1300gに達する．その後，60歳くらいまで脳重量は比較的安定しているが，60歳を過ぎると次第に低下して，80歳の健康な高齢者では，およそ10〜15%程度の低下を示す．このため，脳は萎縮して，脳室や溝が拡大している．

この脳重量の低下の一部は，脳を構成しているニューロンの死滅が原因であり，かつてはニューロンの死滅が脳機能の低下の原因であると考えられてきた．しかし，ニューロンの減少には部位による違いが大きく，ニューロンが大きく減少する部位がある一方，ほとんど変化のない部位も少なくないことが最近の

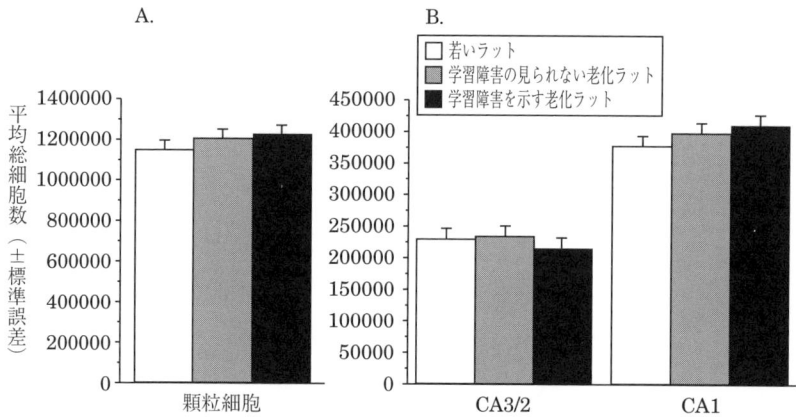

図1-4 若いラット（白）と老化ラット（アミと黒）の海馬ニューロン数の比較．海馬歯状回の顆粒細胞及びCA1-3の錐体細胞に分けて細胞数をカウントした．老化ラットは，学習障害のないグループ（アミ）と障害のあるグループ（黒）に分けられている．老化ラットでは，学習障害の有無に関わりなく，海馬ニューロンの数は若いラットと同じレベルに維持されている点に注意（Rapp and Gallagher, 1996）．

研究で明らかになってきた．ニューロンの脱落が顕著なのは中脳の黒質や青斑核である．これらの部位では，80歳の高齢者で50％近いニューロン数の減少が認められる．これに対して，他の脳幹部や海馬，大脳皮質といった主要な脳部位では，ほとんどニューロンの減少がみられないという（図1-4：Rapp, P.R. and Gallagher, M., 1996・Haung, H., 1997）．それゆえ，脳機能の老化に伴う変化は，ニューロンの数自体の減少に起因するわけではなく，残存するニューロンの機能の低下によって起こると考えなければならない．

ニューロンをミクロ的に調べていくと，実際，さまざまな加齢変化を見いだすことができる．大脳皮質ではニューロンの数はよく保存されているものの，ニューロンのサイズは萎縮しており，シナプスの数も減少することが観察されている．この他，分子レベルでニューロンを調べると，神経伝達物質の代謝回転の低下，神経伝達物質が結合する受容体（リセプター）の減少や細胞内セカンドメッセンジャー系の変化などのさまざまな加齢変化が報告されている（Colombo, P.J. et al., 2001）．これらのミクロ的変化によって，ニューロンの情報処理能力が損なわれると考えられている．高齢者の前頭葉や側頭葉などでは脳血流量が減少しているが，これはこれらの部位における機能低下を示し

ている．

　このように，他の臓器よりもその程度は小さいものの，脳もまた老化の影響を免れることはできない．中脳の黒質のニューロンの脱落は，老化に伴う運動障害の原因の1つである可能性がある．また前頭葉や海馬の機能低下は，ワーキングメモリーやエピソードメモリーの障害を引き起こす．しかし，一方で脳には高い可塑性があり，老化による機能の低下をある程度代償する働きがあることにも注目しなければならない．高齢者のニューロンの樹状突起は，部位によってはむしろ伸長しているとの報告がある．これは，死滅したニューロンを補う残存細胞の代償作用の一例である．また，認知課題遂行中の脳のPET画像を解析した結果によると，若い人の脳が脳の一側しか活性化しないのに対して，健康な高齢者では両側性の活性が認められるという．この結果は，脳機能の低下に対する代償作用として理解できるという（Cabeza, R. et al., 2000）．さらに，脳の加齢変化には個人差が大きく，高齢になっても優れた脳の働きを示す人も少なくない．

3. 老化と疾病

　疾患は基本的に急性疾患と慢性疾患に区別できる．急性疾患とはウイルスの感染などで生ずる風邪，肺炎といった一時的病気のことである．急性疾患は子どもに多く見られるが，高齢者では免疫系の減退によって急性疾患が致死的になることが多いので注意しなければならない．インフルエンザで犠牲になる患者の多くは高齢者である．慢性疾患は長期にわたる疾患でその多くが完治が難しいものをいう．関節炎，高血圧，動脈硬化，心臓疾患などがこれに相当する．高齢者は複数の慢性疾患を抱えていることが多い．高齢者の3大死因は，ガン，心臓疾患，血管疾患であり，慢性疾患が悪化して死に至るためである．この他にも，糖尿病，骨粗鬆症，腎疾患などの疾患を抱える高齢者も少なくない．精神疾患の罹患率は，老年期にとくに高まるわけではないが，老年期うつ病などは症状が非定型的になり，薬物療法に対する反応性が低下するなどの問題がある．

　脳の異常老化として，とくに重大なのが老年認知症である．老年認知症には，脳血管性認知症とアルツハイマー病がある（第10章参照）．とくにアルツハイ

マー病は，進行性の神経疾患であり，いまのところ原因は不明で有効な治療法も確立していない．今後，高齢化社会の進行とともに，アルツハイマー病患者も増加することが予想されており，現在，病因の解明と有効な治療法の開発が急がれている．

4. サクセスフル・エイジング

身体的に健康で，心理学的な適応レベルが高く，社会的にも活発な理想的な老年期をサクセスフル・エイジング（successful aging，幸福な老後）という．

修道尼の老化パターンを長期間追い続けた縦断研究（Nun study）の結果から，知的レベルが高く，社会的活動を長期間続けてきた人は，アルツハイマー病に罹患する割合が低く，身体的にも健康で寿命も長いことが明らかになっている（Snowdon, D.A., 2003）．また人生に対するオプティミスティックな態度を持っている人ほど，心身ともに健康であるという（Danner, D.D. et al., 2001）．これらの結果は，サクセスフル・エイジングを達成するためには，バランスのとれた食事や適度な運動といった肉体的健康面への配慮のみならず，知的刺激や楽観主義，社会活動という心理・社会的要因が重要な働きを担っていることを示すものとして興味深い．

最近，脳研究の分野で，ニューロジェネシス（neurogenesis）という現象が注目を集めている．これは，出生後もニューロンが増殖し続ける現象のことで，刺激の多い豊かな環境（enriched environment）で飼育したラットでは，海馬においてニューロジェネシスが高まり，迷路学習成績が向上するという結果が得られている．しかも，この豊かな環境によるニューロジェネシスの効果は年老いたラットでも確認することができたという（Kempermann, G. et al., 2001）．"Use it or lose it"という言葉にあるように，脳は使えば使うほど，老化に頑強に抵抗できるのである．

本格的な高齢化社会を迎えつつある現在，より多くの高齢者がサクセスフル・エイジングを迎えることができるような社会的環境を作り上げていくことが，われわれに課せられた重要な課題であると言えよう．

引用・参考文献

1) Arking, R., *Biology of Aging*, Sinauer Associates, 1998（鍋島陽一・北徹・石川冬木監訳『老化のバイオロジー』メディカル・サイエンス・インターナショナル, 2000）
2) Austad, S. N., *Why We Age*, Wiley & Sons, 1997（吉田利子訳『老化はなぜ起こるか』草思社, 1999）
3) Baltes, P.B., Reese, H. and Lipsett, L. "Lifespan developmental psychology" *Annual Review of Psychology*, 31, 1980, pp.65-110
4) Cabeza, R., Anderson, N.D., Houle, S., Mangels, J.A. and Nyberg, L. "Age-related differences in neural activity during item and temporal order memory retrieval: A positron emission tomography study" *Cognitive Neuroscience*, 12, 2000, pp.197-206
5) Colombo, P.J., Wetsel, W.C. and Gallagher, M. "Spatial memory is related to hippocampal subcellular concentrations of calcium-dependent protein kinase C isoforms in young and aged rats" *Proceedings of the National Academy of Sciences USA*. 94, 1997, pp.14195-14199
6) Danner, D.D., Snowdon, D.A. and Friesen, W.V. "Positive Emotions in Early Life and Longevity : Findings from the Nun Study" *Psychology and Aging*, 16, 2001, pp.227-239
7) Gosden, R., *Cheating Time:Science, sex and ageing*, Macmillan, 1996（田中啓子訳『老いをあざむく－＜老化と性＞への科学の挑戦』新曜社, 2003）
8) Kempermann, G., Gast, D. and Gag, F.H., "Neuroplasticity in old age : Sustained fivefold induction of hippocampal neurogenesis by long-term environmental enrichment" *Annals of Neurology*, 52, 2002, pp.135-43
9) Kirkwood, T., *Times of Our Lives:The Science of Human Aging*, 1999（小沢元彦訳『生命の持ち時間は決まっているのか－「使い捨ての体理論が開く希望の地平」』三交社, 2002）
10) Harley, C.B., "Telomerase and cell immortality : Applications in research and medicine" *Scientific World Journal*, 1, 2001, p.15
11) Harman, D., "Aging: A theory based on free radical and radiation chemistry" *Journal of Gerontology*, 11, 1956, pp.298-300
12) Haug, H., "The aging human cerebral cortex: Morphometry of areal differences

and their functional meaning" Dani, S.U., Hori, A., & Walter, G.F.(eds.), *Principles of Neural Aging*, Elsevier, 1997, pp.247-262

13) Hawkes, K. "Grandmothers and the evolution of human longevity" *American Journal of Human Biology*, 15, 2003, pp.380-400

14) Hayflick, R., *How and Why We Age*, Ballantine, 1994

15) Maynard Smith, J. "A theory of aging" *Nature*, 184, 1959, pp.956-957

16) Medawar, P.B., *Unsolved Problem of Biology*, H.K.Lewis, 1952

17) Medina,, J.J., *The Clock of Age*, Cambridge University Press, 1996（浜本哲朗訳『美しく年をとる知恵－老化のメカニズムを探る』シュプリンガー・フェアラーク東京, 1997）

18) 太田邦夫『老化指標データブック』朝倉書店, 1988

19) Rapp, P.R. and Gallagher, M. "Preserved neuron number in the hippocampus of aged rats with spatial learning deficits" *Proceedings of the National Academy of Sciences USA*, 93, 1996, pp.926-930

20) Snowdon, D.A. "Healthy aging and dementia: Findings from the Nun Study" *Experimental Aging Research*, 29, 2003, pp.457-474

21) Strehler, B., *Time, Cell and Aging*, Academic Press, 1982

22) Williams, G.C. "Pleiotropy, natural selection and the evolution of senescence" *Evolution*, 11, 1957, pp.398-411

第2章 高齢者は外界をどのように認知するか
－健常高齢者の認知機能－

第1節 感覚・知覚の老化
1. 感覚・知覚とは

　感覚や知覚が，見たり聞いたり触れたりすることに関わる心理的はたらきであることは，誰もが知っているだろう．しかし，感覚と知覚との違いについて正確に回答できる者は少ない．心理学でもこの両者を厳密に区別していないが，比較的末梢的であると考えられる場合を感覚，より中枢的であると考えられる場合を知覚と呼んでいる．また，感覚は光・色や音などのような単純な経験しかもたらさないが，知覚は形やメロディなどのような有意味で複雑な経験をもたらす．このことは，感覚が刺激の要因によって規定される割合が大きいのに対して，知覚は感覚から得られた情報と既存の知識や現在の欲求・感情とを統合することで成立することを意味する．

2. 感覚
(1) 感覚のメカニズム

　感覚には，いわゆる五感（五官）と呼ばれる視覚，聴覚，嗅覚，味覚，触覚（皮膚感覚）のほか，運動感覚，平衡感覚，内臓感覚がある（表2-1）．また，皮膚感覚は，圧覚，痛覚，冷覚，温覚の4つに分けられる．それぞれの感覚にはそれに対応する受容器（感覚器官）があり，その受容器は光や空気の波動のような外界の物理的なエネルギーを神経系の信号（神経インパルス）に変換するはたらきを持つ．

　それぞれの受容器は1つの特定の刺激に対しては反応するが，それ以外の刺激には反応しない．前者の刺激を適刺激といい，後者の刺激を不適刺激という．

　また，適刺激であっても，あまりに強い刺激や弱い刺激を感覚として捉えることができない．つまり感覚が成立するためには，刺激の強さも関係する．感覚を生じさせる最低限の刺激の強さを絶対閾あるいは刺激閾，最大限の刺激の強さを刺激頂という．

表 2-1 感覚の種類と受容器

環境	感覚の種類		適刺激		受容器
外的環境	視覚		光波（電磁波）		眼（網膜）
	聴覚		音波		耳（蝸牛殻）
	嗅覚		化学物質（揮発性）		鼻（嗅粘膜）
	味覚		化学物質（水溶性）		舌（味蕾）
	皮膚感覚	圧（触）覚	機械的刺激		圧点
		温覚	温度刺激	温	温点
		冷覚		冷	冷点
		痛覚	諸種の有害刺激		痛点
内的環境	平衡感覚		身体の位置の変化		耳（三半規管・前庭）
	運動感覚		身体諸部分の運動		筋肉，腱，関節
	有機感覚		身体の一般的状態		食道，血管など

注 いわゆる五感は，眼耳鼻舌身（げんにびぜつしん）とも呼ばれる．触覚は圧覚の弱い場合である．痛覚は外的，内的環境からの刺激を受ける．痛点の密度は高く，しかも順応しにくい．

（福田幸男編『新訂増補心理学』川島書店，1991，p.64）

(2) 感覚と加齢

1) 視覚

視覚の能力を規定する要因には視力，順応，色覚，視野などがある．

視力は，近方視力と遠方視力に区別される．近方視力は焦点調節能力とも呼ばれ，近くのものを見るために水晶体の厚みを変えることで焦点を調節する能力である．高齢者は，水晶体の弾力が失われているため，この視力が低下する．いわゆる老眼である．この焦点調整能力の低下は10歳のころから直線的に低下し，15歳の青年と30歳の成人ではその能力差が2倍も違う（図2-1）．したがって，焦点調整能力の低下は，高齢者に特別な現象というわけではない．では，なぜ高齢者だけが老眼を訴えるのかというと，それはわれわれの手の長さと生活習慣に関連する．通常，われわれは本や新聞を読むとき30～40 cm離すが，50～60歳代の人々は1m離さないと焦点があわないため，近いものが見えづらくなる．一方，遠方視力は遠くのものを見るための視力をいい，一般に5m離れた距離にあるランドルト環によって検査される．この遠方視力は，高齢期に入ると急激に衰えていく（図2-2）．

暗いトンネルを抜け明るいところへ出ると，まぶしくて風景が見えないことがある．逆に，明るいところから，暗い部屋に入ると真っ暗で何も見えない．

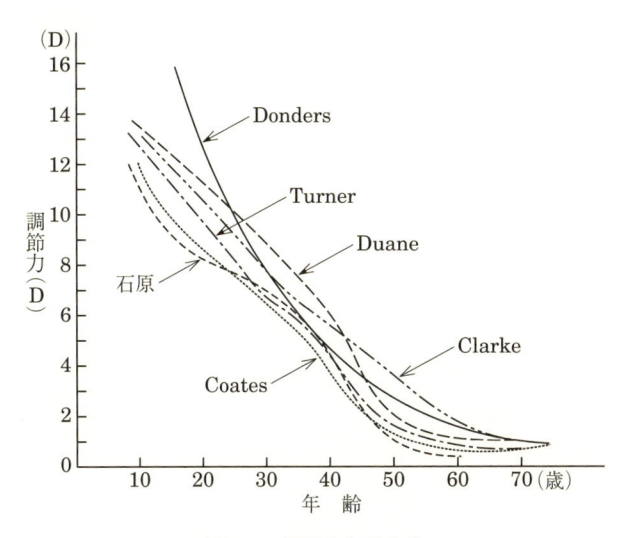

図2-1 調節力年齢曲線

(湖崎克:視力の衰えとその対応,エイジングと看護〈看護MOOK32〉,金原出版,1989, p.101 (Borish, I. M. *Clinical Refraction* 3rd ed., p.171の図に石原・鹿野『小眼科学』p.50の記載を加えた図))

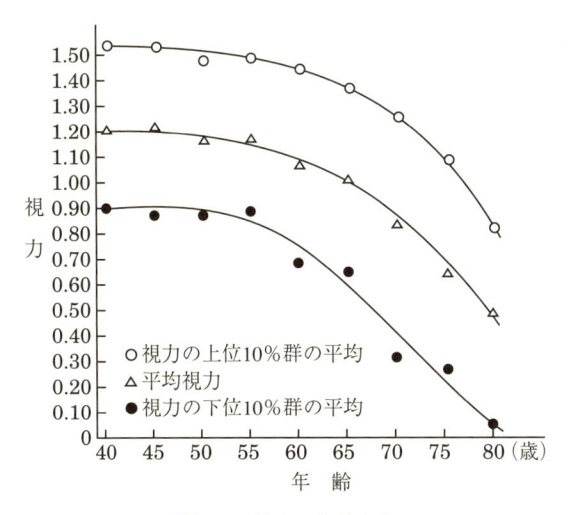

図2-2 視力の年齢変化

(井上勝也・長嶋紀一編『老年心理学』朝倉書店, 1980, p.67)

しかし，どちらも，明るいところや暗いところに目が慣れ，風景が見えるようになる．このように感覚器官の感受性の低下に伴い，環境に感覚が慣れる現象を順応という．とくに明るさに対する慣れを明順応，暗さに対する慣れを暗順応という．高齢者は，この順応に要する時間が遅延する（McFarland, Domey, Warren and Ward, 1960）．また，色を識別する能力である色覚は50歳以降に低下が進行し，黄色は白味を帯び，寒色（青，紺，菫など）は暗く感じるようになる．さらに視野が狭くなるため，視野の中心から離れたものは見つけづらくなる．これら加齢に伴う順応・色覚能力の低下，視野の狭小化は，網膜の変性および網膜から視覚中枢に至る視覚伝達路の機能低下のために生じると考えられる．ただし，視野の狭小化については，より高次の注意能力の低下が関与するという研究もある（たとえば，山村，2002）．

　高齢者に多い眼疾患として，白内障と緑内障がある．白内障とは水晶体が混濁する疾患で，程度の差はあるが60歳代では70％，70歳代では80～90％，80歳以上ではほぼ全員に認められるという報告（戸張，1984）がある．一方，緑内障は眼圧の上昇によって視機能が障害を受ける疾患であり，原因が不明な原発緑内障と他の眼疾患に続いて起きる続発緑内障がある．高齢者に限って生じる疾患ではないが，加齢とともに増加し，30～40歳代では0.3％であるが70歳代では1.2％に上昇する（塩瀬，1989）．

2）聴覚

　視覚と同様，聴覚も加齢によって機能が低下する．音は物理的には振動数（周波数）と振幅との要素に分けることができ，心理的には高さと大きさに分けることができる．周波数が高いほど高い音として感じられ，振幅が大きいほど大きな音として感じられる．

　加齢に伴い音の高さの刺激閾は全般的に低下する（図2-3）．とくに60歳以上になると高い音ほど聞き取れなくなる．3000ヘルツ（Hz）程度の同じ周波数でも，10歳児と比較すると，60歳代では30デシベル（dB），70歳代では40デシベル（dB）ほど大きな音でないと聞き取りにくくなる．このことは，加齢に伴って高温域の音ほど聞き取るのに困難が伴うことを意味する．また，その傾向は女性よりも男性で顕著である．このように加齢に伴い高音域が聞き取れなくなる難聴は，老年性難聴と呼ばれる．その原因は，中耳部分の槌骨，

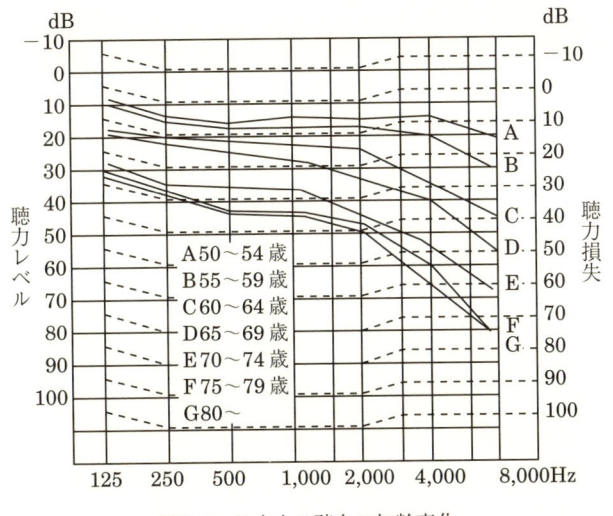

図2-3 日本人の聴力の加齢変化
（立木孝『難聴の診断と治療』南江堂，1969, p194）

砧骨，鐙骨の石灰化あるいは関節炎による硬化など，末梢神経系の機能低下が強く影響している．

3) その他の感覚

視覚，聴覚のように他の感覚もまた，加齢に伴って機能低下する．これらのうち，重要だと思われる味覚と痛覚について説明しよう．

味覚の基本要素は，甘酸辛苦の4つである．この4種類の味の受容器は舌の表面にある味蕾である．この味蕾は加齢とともに減少し，味に対する感受性が鈍化する．ただし，すべての味に対して感受性が鈍化するかについては議論があり，苦みに対しては逆に鋭くなるという説，甘みと酸味に関しては変わらないという説などがある．

痛覚の受容器は，触覚と同様，皮膚や筋，腱，関節など全身に分布している．その閾値は加齢とともに高くなるといわれているが，年齢差は見られないという報告もある．また，痛覚を含む皮膚感覚の閾値の上昇は，皮膚の位置により加齢の影響が異なり，手指を含む上肢に比べ下肢で大きい．なお，痛覚は心理的影響も大きく，不安やストレスによって強く感じる傾向があり，リラックスした状況では緩和されることが知られている．

3. 知覚と注意
(1) 知覚と注意のメカニズム

　感覚と知覚を区別する場合，知覚とは，感覚的経験に知識や欲求，感情が加えられた心理的なプロセスであると述べた．このことは，知覚が成立するためには2つのプロセスが必要であることを示している．1つは，感覚器官から末梢神経へ伝わり，大脳中枢の感覚野へ至るプロセスである．もう一方は，大脳中枢にすでに貯蔵してある，知識，記憶，あるいは感情，欲求などである．このプロセスのうち，前者をボトムアップ処理，後者をトップダウン処理という．この両者が機能して知覚が成立することについて，図2-4にしたがって考えてみよう．この図はボトムアップ処理のみで知覚しようとすると，無意味な斑点にしか見えない．しかし，"読書をする子ども"という知識によってトップダウン処理が機能すると，図の中央部分に読書をしている子どもの姿を知覚することができる．

　この知覚と密接に関わる心理機能として注意がある．注意とは，外界に存在するさまざまな刺激のうち，知覚したい刺激のみに焦点を合わせ，その他の刺激を無視することに関与する．特に，この注意の機能を選択的注意という．そのほか，刻々と変化する刺激や同時に示される二つ以上の刺激に注意を振り分ける分割的注意，それら注意のはたらきを長時間持続させる持続的注意などの

図2-4　何に見えるか（小菅，2003）

側面がある．

(2) 知覚と注意の加齢

　知覚における加齢の影響を示す例として錯視がある．物理的刺激と知覚とに大きなズレが生じることを錯覚というが，視覚についての錯覚を錯視という．ミューラーリヤーとエビングハウスの錯視図形を用いて錯視量を検討したところ，加齢とともに錯視量が増加した（Comalli, P.E., 1970）．これは，受容器の老化のために起きると考えられる．

　選択的注意の課題では，注意を向けるべき目標刺激と無視しなければならない妨害刺激が同時に示される．被験者は，できるだけ速く正確に妨害刺激の中から目標刺激を探し出さなければならない．視覚刺激を用いた課題では，選択的注意の課題は大きく二つに分けられる．①目標刺激と妨害刺激が同一の位置に重なっている課題，②空間上に両者が混在している視覚探査課題である．前

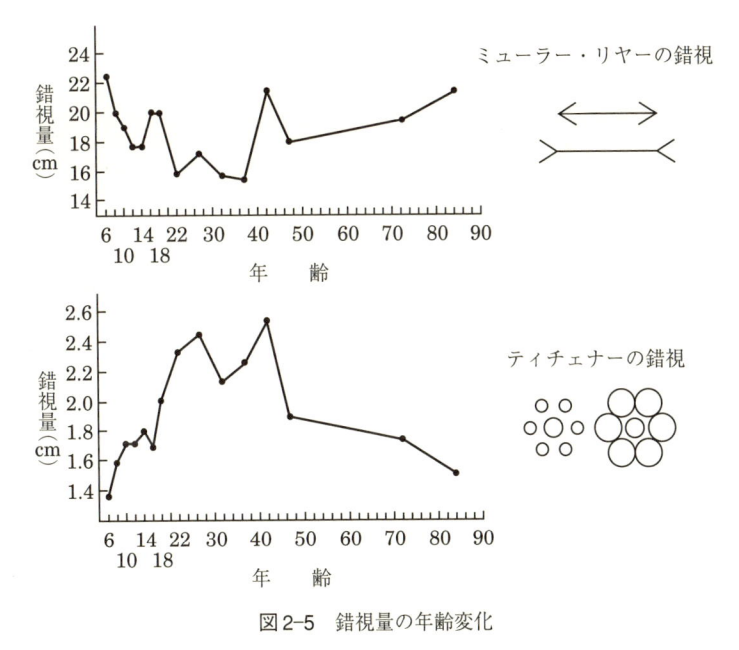

図2-5　錯視量の年齢変化

　上はミューラー・リヤー外向図形での錯視，下はティチェナー図形での錯視に関する研究データをComalliが連結したもの．
（Comalli, 1970, P.212, P.213：図はフリスビー 1982, P.92）

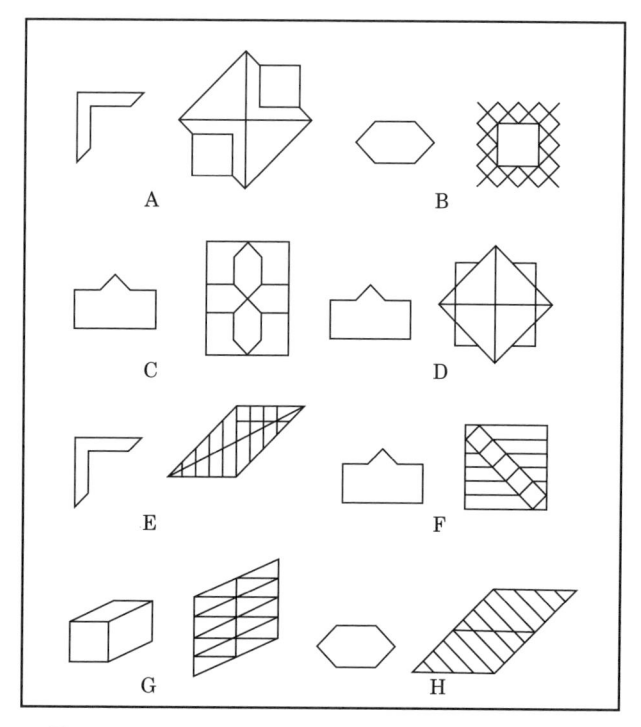

図 2-6　ゴットシャルト・テストの図形(荒井・常木, 1990)

者の代表はゴットシャルト課題とストループ課題で，後者の場合は視覚探索課題である．ゴットシャルト課題は，図2-6のように2つ一組の図形のうち，単純な図形が複雑な図形のどの部分に含まれているかを一定時間内に指摘させるテストである．また，ストループ課題は，着色された文字刺激を読む際に文字の意味を無視し，文字が何色で書かれているのかに対して注意を向けるよう要求される課題である．そして，視覚探索課題とは，複数ある刺激の中から目標とする刺激をできるだけ速く探し出す課題である．ストループ課題では，若い人より高齢者の方が遅いことが知られている．また，ゴットシャルト課題や視覚探索課題では，刺激が多くなるほど見つけ出す速さが遅延する．つまり，高齢者では，複雑な情報源からすばやく必要な情報を取り出すことが困難になるのである．

分割的注意の課題では，2つあるいはそれ以上の課題に注意を向け，同時に

遂行することが求められる．注意を向ける課題が2つ程度の場合では高齢者と若年者の間に違いはないが，3つ4つと増えるにつれ，高齢者はそれらに注意を配分することが難しくなる．日常生活場面において，高齢者は「テレビを見ながら本を読む」「家事を同時にこなす」ことが難しいと答える傾向があるが，これは分割的注意能力が低下しているためだと考えられる．

持続的注意について，単調な監視課題では高齢者と若年者の間に差はないという結果もあるが（Giambra, L.M. and Quilter, R.E., 1988），呈示する目標刺激の視認性を悪くした実験（Parasuraman, R. *et al.*, 1989, 1991）では，高齢者は若年者に比べて注意を持続させることが困難になることが示された．高齢者は，単調な作業ではともかく，少しでも作業が複雑になると注意を持続させることが難しくなるようである．

4. 生活への影響とその対策

日常生活場面では，視覚は外界情報を得るための最も重要な感覚である．したがって，視覚機能が低下する高齢者は，不自由さを感じるばかりでなく，事故やケガを引き起こす機会も多くなる．さらに，この影響のために，外を一人で出歩くことに自信がなくなり，家にこもりっきりになってしまったり，本を読んだりテレビを見たりすることが億劫になって情報に接する機会を失ってしまう．そのため，生活活動が縮小し，生活意欲が減退する可能性がある．これらの対策には次の3点が考えられる．第一は，治療によるコントロールである．第二は，眼鏡やコンタクトレンズ，拡大鏡のような矯正用具の使用である．そして，第三は，生活行動の改善である．たとえば，日頃から普段使うものは決まった場所に置いておく，足元には物を置かないなど，生活習慣や生活環境を視力低下にあったものにすることである．

聴覚の機能低下は，コミュニケーション能力の低下につながる．高齢者は聞き取りが悪くなるため，どうしても何度も相手に聞き直さなければならない．そのため，会話をしたいと思いつつも会話をすることを避ける傾向がある．このように人と会話を楽しむ機会が失われると，気が沈み，うつ状態に陥ることもあり得る．また，耳が聞こえにくくなると，われわれの声は大きくなる傾向がある．大きな声で会話をすると，聞いている相手には苦痛を与える．そのた

め，聞く相手もまた高齢者と会話をしたがらない場合がある．これらに対する対策として，次のことが考えられる．第一は，補聴器のような矯正用具の使用である．しかし，聴覚系の矯正用具は，眼鏡のような視覚系の矯正器具と異なり，聴覚低下を完全に補うことができない．そこで，第二の対策として考えられるのは，周囲の人々の配慮である．たとえば，高い音ではなく低い音で会話をしたり，会話の際にはテレビやラジオの音を消すなどして，雑音を取り除いてから会話をするよう心がけたい．

科学テクノロジーの発展に伴い，コンピュータが普及し，家電製品の操作は複雑化する傾向がある．知覚や注意能力が低下する高齢者にとって，これらを適切に使うことは若年者が考える以上に難しい．一方，現在では誰にでも使用しやすいユニバーサル・デザインに配慮した製品が開発されつつある．高齢者に対しては，高性能の製品を勧めるのではなく，使いやすさに配慮した製品の使用を進めるのがよいだろう．また，高齢者は選択的注意や分割的注意の能力が低下しているので，注意の切換えにも時間がかかる．そのため，会話などで内容が変わるときに理解がついていかないことがあるので，高齢者との会話において話の内容を変えるときには，「ところで」「話は変わりますが」など注意の切換えを促進するよう工夫するとよい．

第2節　反応時間の老化

1. 反応時間と情報処理

加齢に伴う一般的な変化の代表として，「会話が遅くなる」「動作が鈍くなる」というような，行動の遅延を挙げることができるだろう．行動の遅延は，敏捷性や瞬発力，筋力などの体力あるいは身体運動機能の低下によっても生じるが，それ以上に知覚や注意，記憶，判断などを含んだ精神運動機能の衰退によってもたらされる部分が大きい．

精神運動機能の速度の測定には反応時間が用いられる．反応時間とは刺激が呈示されてから反応が生起するまでの所要時間のことをいう．ただし，反応は刺激が与えられるとただちに生じるものではない．刺激によって生じた感覚器官の生理的興奮は，求心性神経を伝達し，中枢神経系つまり脳に至る．そこで，感覚・知覚，記憶，思考，判断などといった一連の情報処理が行われ，その最

終的な結果が遠心性神経を経由して骨や筋に伝わる．骨や筋が外物を動かしたとき，はじめて反応が生じる．

　反応時間は，中枢神経系の情報処理過程を推測するのに有効な指標となる．その際，反応時間は課題によってさまざまに分類される．刺激が１つでその刺激に対して反応を行う場合の単純反応時間，複数の刺激のうち特定の１つの刺激に対してだけ反応する場合の弁別反応時間，複数の刺激に対してそれぞれ異なる反応を行う場合の選択反応時間である．一般に弁別反応時間や選択反応時間は単純反応時間に比べ遅延する．なぜならば，弁別反応時間は刺激の分類，選択反応時間は刺激の分類と反応の選択という情報処理過程を含んでおり，そこで要する処理時間が加算されるからである．

　したがって，これらの反応速度を比較することによって，人間の情報処理過程を分解することが可能である．たとえば，ドンダースの減算法によれば，選択反応時間から単純反応時間を減算することによって刺激を分類するための処理速度を推定でき，弁別反応時間から選択反応時間を減算することで反応を選択するための処理速度を推定することができる．

2. 高齢者の反応時間と加齢
(1) 反応時間の遅延

　加齢に伴い反応時間は遅延する傾向がある．さらに，反応時間を単純反応時間と選択反応時間に分けると，高齢者は選択反応時間の方が顕著に遅延する．たとえば，反応時間課題において，赤ランプが点灯したらＡボタンを，青ランプが点灯したらＢボタンを，黄ランプが点灯したらＣボタンを押すというように，選択しなければならない反応の数を増やしていく．すると図2-7のように若年者も高齢者も反応時間は遅延するが，高齢者の方が大きくなる．この傾向は，視覚探索や再認などの種々の認知課題においても見られ，高齢者は難易度が高い課題において，より反応時間が遅れると言える．

このことは，刺激と反応の間に介在する各情報処理過程の処理速度が遅延することを意味する．では，感覚・知覚や注意，記憶，思考，判断などの情報処理過程のうち，どの過程に処理速度の遅延が生じるのだろうか．これについて，セレラ（Cerella, J., 1985, 1990）は情報処理過程をメタ分析を通じて検討

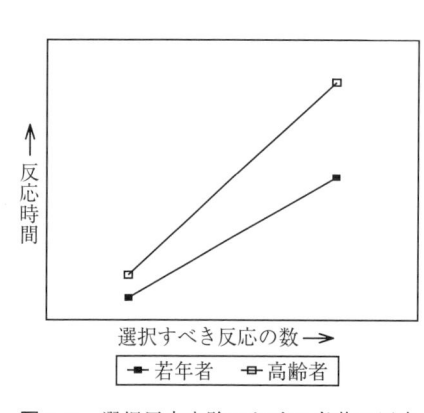

図 2-7 選択反応実験における老若の反応時間（新課題の場合）
(Stuart-Hamilton, I., *The psychology of ageing* 1994：ステュアート＝ハミルトン I.,石丸正訳『老いの心理学』岩崎学術出版)

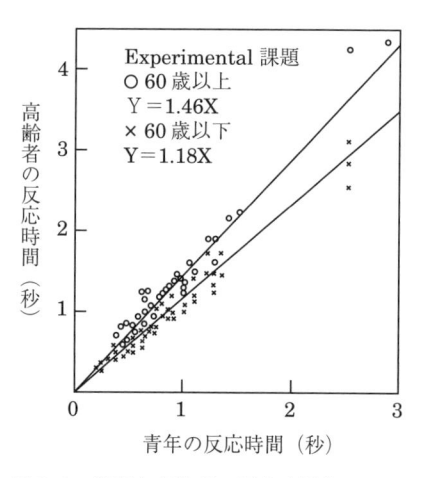

図 2-8 青年と高齢者の反応時間をブリンリープロットでメタ分析した例（Cerella, 1985）

した．その分析では，過去に行われたさまざまな認知課題における各条件の反応時間を，横軸に若年者，縦軸に高齢者にしてプロットする．この表示方法をブリンリープロットという．すると，図 2-8 のように異なる課題の反応時間の傾きが 1.46 の直線回帰にあてはまることが示された．このことは高齢者と若年者の反応時間は課題の特性によって異なるが，課題の条件のコントロールによって生じる反応時間の変化率は高齢者と若年者で同じであることを示している．そして，ブリンリープロットでは高齢者と若年者で反応時間が等しい場合の直線の傾きは 1 になることから，1.46 の傾きはどのような課題であっても高齢者の反応時間は若年者に比べて 1.46 倍認知処理速度が遅延することを意味する．このことからセレラは，反応時間の影響はすべての情報処理過程に対して普遍的に生じると考え，認知的加齢における"普遍的遅延モデル"を提唱した．その後，このモデルにはいくらかの訂正が加えられているが，本質的には今日でも変わりがない．

　高齢者の反応時間が遅延する理由としては，神経系を伝達する情報のスピードの低下が挙げられる．ただし，神経細胞（ニューロン）内の情報が伝わるスピードである神経伝導速度は，30 歳の機能を 100％としても 80 歳では約 90％までしか低下しない．しかし，神経細胞と神経細胞を接合するシナプス部は加

齢の影響が大きい．神経細胞は，多くのシナプス部が存在し他の神経細胞から情報を受け取るはたらきをする樹状突起，細胞内構成物質の合成などを行う細胞体，情報や構成物質を他の神経細胞へ送る軸索からなる．加齢に伴い樹状突起の枝分かれの数は細胞体に近い部分では変化しないが遠い部分では減少が著しくなる．そのため，脳内の神経ネットワークが縮小する．軸索の終末部には，次の神経細胞への情報の伝達に関わる神経伝達物質があるが，加齢に伴い軸索の機能が低下し神経伝達物質も減少する．その結果，反応時間の遅延や情報処理活動の低下が生じると考えられる．

さらに，別な理由として，高齢者は速さより正確さを優先させる傾向があることが挙げられる．一般的な反応時間課題では「できるだけ速く正確に」という教示が行われる．しかし，速く反応することを強調すれば反応は速くなるが間違いを犯す確率が増し，正確に反応することを強調すれば反応は正確であるが遅くなる．このような両者の関係を速さと正確さのトレードオフと呼ぶ．若年者の場合は，「速い」の要求を優先させるが，高齢者は「正確に」を優先させる傾向があることが知られている．

(2) 反応時間遅延の補償

以上で述べたように，高齢者の反応時間は，難易度の高い課題であるほど遅延することが明らかにされている．しかし，この遅延は，実験室実験という特殊な状況や新しい作業についてあてはまることであり，多くの経験や練習を積み重ねた課題ではあてはまらない．たとえば，ある認知課題について数日間練習したならば，たしかに反応時間は高齢者の方が遅延するが，選択すべき反応が増えたとしても，図2-9のように高齢者と若年者の反応時間は平行して変化する．この練習の効果は，反応の自動化によって説明される．自動化とは，ある作業がとくに意識せずとも行うことができ，中枢神経系の多くの心的機能を必要としないようになることをいう．多くの作業や技能は充分な練習によって自動化される．日常生活においても，靴紐の結び方や自動車，自転車の運転技能は，はじめのうちは意識が伴うが，練習や経験を重ねるにつれ自動化し，反応時間も短縮されていく．高齢者と若年者の反応時間の違いは，練習が未熟なうちは中枢神経系の伝達速度の差によって生じるが，練習によって自動化する

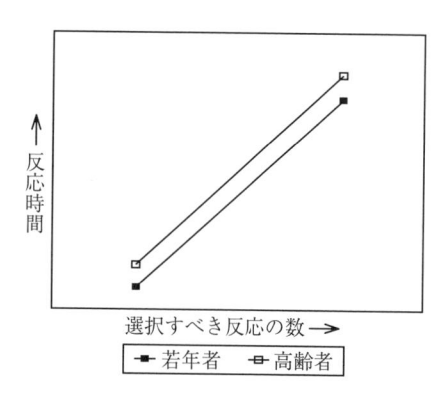

図2-9 選択反応実験における老若の反応時間（課題について数千回練習した場合）
(Stuart-Hamilton, I., *The psychology of ageing*, 1994：I. ステュアート＝ハミルトン, 石丸正訳『老いの心理学』岩崎学術出版)

とその時間差は除かれ，筋肉動作の効率低下など末梢的・身体的機能に関わるものだけとなる．

　また，高齢者は，長年の経験と学習の蓄積によって，熟達性と呼ばれる高度に発達した技能や知識を持っていることがある．それは一般的な技能や知識より，高齢者自身が人生の中で深く関与した領域固有のそれらで顕著であることが多い．この熟達性が末梢的・身体的機能の加齢低下を補い，若者と同等あるいはそれ以上のパフォーマンスを示すという報告もある（63ページ参照）．

引用文献

1) 荒井保男・常木暎生「老人の人格」井上勝也・長嶋紀一編『老年心理学』浅倉書店，1980

2) Cerella, J. "Information processing rate in the elderly" *Psychological Bulletin*, 98, 1985, pp.67-83

3) Cerella, J. "Aging and information processing rate" In J.E.Birren and K.W.Schaie(*Eds.*)*Handbook of the psychology of aging*(3rd ed.), San Diego, Academic Press, 1990, pp.201-221

4) Comalli, P.E. "Life-span change in visual perception" In L.R.Goulet and P.B.Baltes(*Eds.*) *Life-span development psychology*, Academic Press, 1970

5) Giambra, L.M. and Quilter, R.E. "Sustained attention in adulthood : A unique large-sample longitudinal multichohort analysis using Mackworth Clock-Test" *Psychology and Aging*, 3, 1988, pp.75-83

6) 小菅英恵「二重モダリティ課題における処理資源配分について－Barnardのワーキングメモリモデルからの検討」立正大学心理・教育学研究, 2, 2003, pp.33-35

7) McFarland, R.A., Domey, R.G., Warren, A.B. and Ward, D.C. "Daily adaptation as a function of age : I.A statistical analysis" *Journal of Gerontology*, 15, 1960, pp.149-154

8) Parasuraman, R. and Giambra, L. "Skill development in vigilance : Effects of event rate and age" *Psychology and Aging*, 6, 1991, pp.155-169

9) Parasuraman, R., Nestor, P. and Greenwood, P. "Sustained-attention capacity in young and old adults" *Psychology and Aging*, 4, 1989, pp.339-345

10) Salthouse, T.A. "Effects of age and skill in typing" *Journal of Experimental psychology* : General, 113, 1984, pp.345-371

11) Salthouse, T.A. "Age, experience, and compensation" In C. Schooler and K.W. Schaie (*Eds.*), *Cognitive functioning and social structure over the life course*, Norwood, NJ : Ablex, 1987, pp.142-157

12) 塩瀬芳彦『日本における緑内障疫学共同調査結果（1988-1989年）』日本失明予防学会, 1989

13) Rubin, D.C., Wetzler, S.E. and Nebes, R.D. 1986 Autobiographical memory across the life span. In Rubin, D.C.(Ed.) Autobiographical memory. Cambridge Universitiy Press. Pp.202-221

14) 戸張幾生, 眼科, 26, 1984, pp.403-408

15) 山村 豊「高齢者の視覚的注意に関する実験的研究－処理資源論からの検討」立正大学大学院年報, 19, 2002, pp.203-218

参考文献

1) 日本老年行動科学会監修『高齢者の「こころ」事典』中央法規, 2000

2) 下仲順子編『老年心理学』培風館, 1997

3) Santrock, J.W., *Adult development and aging*, Wm. C. Brown Publishers, 1985 (今泉信人・南博文編訳『成人発達とエイジング』北大路書房, 1992)

第3章 高齢者は記憶力が減退し，創造力も衰えるか

第1節 老年期の記憶の特徴

誰もが年をとると，自分の記憶力の低下を自覚するようになる．人の名前をとっさに思い出せない，財布や鍵など物をどこに置いたか忘れてしまう，最近の出来事をなかなか思い出すことができない．このような経験は若年期においても経験することであるが，老年期ではより頻繁に経験することとなる．

本節では，老年期における人間の記憶がどのような様相を呈するのか，高齢者の記憶研究における知見をもとに述べていく．

1. 人間の記憶

老年期における記憶の特徴について述べる前に，一般的な人間の記憶について概説しておこう．

(1) 記憶の処理段階

人間の記憶の過程は，符号化，貯蔵，検索の3つの処理段階に分けることができる．符号化とは，目や耳などの感覚器官を通して入力した情報に意味を持たせて憶える過程を指す．貯蔵は符号化によって憶えたものを頭の中にしまっておく過程を指す．検索は必要に応じて貯蔵したものを取り出し，文字や音声によって出力する過程を指す．このように，人間の記憶の過程には，符号化，貯蔵，検索という3つの処理段階が仮定されている．

(2) 記憶の区分

上述の記憶の処理段階とは別に，記憶の保持時間の長さや容量の相違から，人間の記憶過程を感覚記憶，短期記憶，長期記憶の3つに区分することができる（図3-1）．

1）感覚記憶

感覚記憶とは，視覚や聴覚などの感覚器官に入ってくる情報が符号化されずに，ごく短時間，貯蔵されている記憶を指す．感覚記憶に貯蔵される情報は感

感覚記憶	短期記憶	長期記憶
数百ミリ秒（視覚情報） 数秒（聴覚情報）	15〜30秒 容量は7±2チャンク	ほぼ永久 容量は制限なし

図3-1 記憶の保持時間

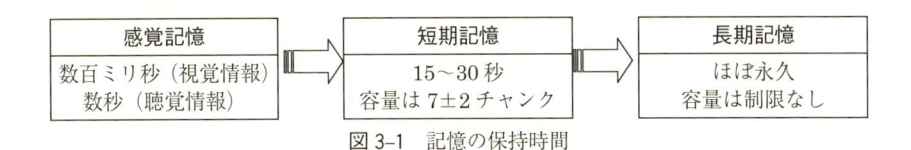

覚器官に入力されたままの情報であり，情報の加工は施されない．これらの情報はごく短時間保持され，時間とともに忘却される．一般的に視覚情報の感覚記憶の保持時間は数百ミリ秒，聴覚情報の場合は数秒と考えられている．

2）短期記憶

短期記憶とは，感覚記憶に貯蔵された情報のうち，注意を向けられた情報だけが選択されて貯蔵される記憶を指す．短期記憶の保持時間は一般的に15秒〜30秒であり，記憶容量に関してはミラー（Miller, G.A.）が7±2チャンクという結果を得ている．チャンクとは1つの意味をなすまとまりのことであり，「記憶」という言葉の場合は1つの単語としてのチャンクであり，「キ・オ・ク」とした場合は3つの文字のチャンクとなる．短期記憶に入ってきた情報はリハーサルなどの処理がされない限り消失する．短期記憶は日常生活で会話や読書，計算，推理などの認知的な作業を遂行する際に必要な情報を一時的に頭の中に保持するときに活用されている．

3）長期記憶

長期記憶とは，短期記憶に貯蔵された情報の中から，今後利用価値のある情報が符号化の処理を経て，貯蔵される記憶を指す．長期記憶は一般的にほぼ永久に保持され，記憶の容量にも制限がないと考えられている．

この長期記憶は記憶内容により，手続き的記憶と宣言的記憶に区分される．手続き的記憶とは車の運転や料理の仕方のような手続きや技能に関する記憶のことであり，宣言的記憶とは言葉によって記述できる事実についての記憶を指す．さらに，宣言的記憶は個人的体験に基づくエピソード記憶と，知識に関する意味記憶に分けられる．

2. 高齢者の記憶の特徴

(1) 情報の符号化

　高齢者の記憶力低下の原因の1つに，情報を短期記憶から長期記憶へ転送する際の符号化の過程に問題があると言われている．符号化の過程で関連する情報をまとめ，整理して憶える方略を体制化と呼び，高齢者の場合は，体制化のような効率的な記憶方略を用いて記憶をしたり，イメージを介在させて記憶することが苦手であると指摘されている．

(2) 情報の検索

　長期記憶に貯蔵された情報を検索する過程の問題も，高齢者の記憶力低下の原因と考えられている．ショーンフィールド（Shonfield, D.）らは記憶の再認課題と再生課題における加齢の影響について調べ，再認課題では加齢の影響はないが，再生課題になると加齢に伴い正当数が徐々に下降していくという結果を報告している．また，高齢者と若年者とに物語文を読ませ，その記憶内容を比較した実験や，ある事件をビデオで見せて記憶内容を比較した実験では，ストーリーの要点や事件の概要については高齢者も若年者と変わらず再生できるのであるが，話の詳細や登場人物の外見などの記憶となると難しくなるといった報告もある．

(3) 短期記憶と長期記憶

　一般的に高齢者は短期記憶の記憶力が低下し，長期的な記憶力はそれほど変化しないと思われがちであるが，これまでの高齢者の記憶研究から必ずしもそうではないことが示されている．クレイク（Craik, F. I. M.）は，高齢者と若年者に自由再生課題を行い，その成績を比較している．自由再生課題とは，被験者に対して1秒あたりに1単語の割合で順番に単語を提示していき，提示終了後，被験者に思い出せるすべての単語を回答させるという課題である．一般的には，順番に提示した単語のうち，初めの方に提示した単語と終わりの方に提示した単語の再生率が高くなり，前者は初頭効果といい長期記憶に関係しており，後者は新近性効果といい短期記憶に関係しているとされている．クレイクの実験からは，高齢者は初めの方に提示された単語はよく思い出せないが，

終わりの方に提示された単語はよく思い出せることが示された。つまり，高齢者では新近性効果は見られるが，初頭効果があまり見られないということであり，高齢者の記憶力の減退は長期記憶において明らかであることが示唆された。

1）短期記憶

ボトウィニック（Botwinick, J.）らがさまざまな年齢層を対象に，数字を何桁まで覚えられるかといった直接記憶の範囲について実験を行った結果，20～50歳代の記憶容量は平均して6.5～6.7桁であり，60歳代で5.5桁，70歳代では5.4桁であった。したがって，短期記憶の容量はそれほど低下しないと言えよう。その他多くの研究においても，加齢に伴う記憶容量の低下はだいたい10％程度であると報告されている。

2）長期記憶

長期記憶には膨大な量の知識が貯蔵されており，記憶している事柄の間で関連のある構造化がなされている。バーク（Burke, D. M.）とピーター（Peters, L.）は年齢によって長期記憶の中に貯蔵されている知識構造に違いがあるか明らかにするために，いろいろな品詞の単語を提示し，その単語から最初に連想される言葉を答えるようにさまざまな年齢の人々に求めた。その結果，連想される言葉の性質に年齢差がないことを示している。このことから，高齢者でも若年者でも知識に関する記憶の構造に変わりがないことがわかる。

高齢者のエピソード記憶と意味記憶については，アルバート（Albert, M. S.）らが実験を行っている。アルバートらは，高齢者と若年者に対し，エピソード記憶の再生・再認課題と，意味記憶の線画の命名課題を行い，その結果，意味記憶の線画の命名課題については高齢者と若年者とで違いは認められなかったが，エピソード記憶における再生・再認課題では高齢者の方が若年者に比べて成績がよくないと報告している。つまり，高齢者は長期記憶のうちエピソード記憶において記憶力の低下が際立つことを示唆している。

（4）作動記憶

作動記憶は日常生活において会話や読書，計算，推理などの認知的な作業を行う際に，必要な情報を一時的に頭の中に保持するときに活用される記憶の機能である。記憶の3つの区分の中では，短期記憶に相当すると言えよう。

ドップス（Dobbs, A. D.）らは作動記憶と加齢の影響について実験を行い，与えられる課題が複雑になるにつれて，加齢の影響を受け，課題の成績が下がることを報告している．

(5) 高齢者の記憶

高齢者は昔話をすることを好み，昔のことをよく憶えているような印象があるが，それは特定の出来事のみ日常で繰り返し話されるからであり，実際には短期記憶よりも長期記憶，とくにエピソード記憶の減退が明らかである．また，高齢者は効率的な記憶方略を活用することが苦手であったり，作動記憶のように，認知的な作業を行う際に必要な情報を一時的に保持する記憶を用いる場合においても，作業が複雑なものとなればその課題の遂行が難しくなってくる．

ここまで高齢者の記憶の特徴について述べてきた．その他に注目すべきこととしては，高齢者になると外界の出来事に対する関心や興味が薄れてくるといった動機づけの面が2次的に高齢者の記憶に影響を与えるという点であり，高齢者の記憶を把握する上で重要なことである．

第2節　加齢による記憶力の低下

加齢による記憶力の低下については，第1節の「老年期の記憶の特徴」においてもある程度触れられているので，ここでは，触れられなかった他の面について説明する．

1. 長期記憶の低下

短期記憶における低下については，前節でも説明されているように，加齢による低下は，ほとんどみられないという研究が多い．加齢による低下があったとしても，ごくわずかであるという見解に落ち着いている．それに対して，長期記憶の場合には，加齢による低下があるとする研究が多い．しかし，呈示される刺激や課題，また，記憶しているかどうかを調べる方法として，自由再生法を用いるか再認法を用いるかなどで，結果が違ってくることが報告されている．

シュガーとマクドウ（Sugar and McDowd）は，これまでの研究結果を要約

し，①簡単な再認課題では，高齢者の成績は，若年者と変わらない，②高齢者にとって熟知性のある言葉を刺激として使うと，若年者よりも成績がよい，③細かいことではなく，文の要点を再生するような場合には，高齢者の方が若年者よりも優れている，ことなどを明らかにしている．

2. 顕在記憶と潜在記憶

　長期記憶の分類については，タルヴィング（Tulving）がエピソード記憶と意味記憶に分けたが（前節参照），グラフとシャクター（Graf and Shacter）は，顕在記憶（宣言的記憶）と潜在記憶（非宣言的記憶）を区別した．これは，記憶を呼び起こす際に，「思い出している」という想起体験があるか，ないかにより分類するものである．再生課題や再認課題では，想起体験があるので顕在記憶に相当し，一方たとえば「〇んご」の〇の部分に1つ言葉を入れて単語を完成させる単語完成課題では，想起体験を伴わないので，潜在記憶というわけである．こうした2種類の記憶に関しても加齢がどのように影響するかについて研究がなされている．

　ライトとサイン（Light and Singh）は，顕在記憶を測るために手がかり再生の課題，潜在記憶を測るために単語完成課題を用い，若年者と高齢者との間で，成績を比較した．その結果，手がかり再生の課題では，高齢者の成績は，若年者に比して低下を示し，一方，単語完成課題では，高齢者の成績は，若年者の成績と違いがみられなかった．顕在記憶の方が潜在記憶よりも一般に加齢の影響が大きいようである．

3. 日常記憶
(1) 自伝的記憶
　記憶の研究の多くは，実験室で行われてきたが，最近は，日常的な出来事についての記憶を対象とした研究が盛んになってきている．自伝的記憶は，たとえば，自分の小学校時代についての記憶や修学旅行はいつどこに行ったかなどについての記憶である．この記憶は，単語手がかり法を用いて調べられる．単語手がかり法は，被験者にたとえば，「本，機械，悲しみ，喜び」などの単語のリストを与えて，それぞれの単語について，個人的な記憶を思い出させる方法

である．記憶内容だけでなく，いつのことかについても報告を求められる．研究の結果，最近になるほど記憶している出来事が多くなることがわかった．この結果は，実験室における自由再生の結果（新近性効果）とも符合するものである．また，暦年齢で21～30歳（記憶保持期間としては，41～50年）の間も思い出す出来事が多くなることがわかった．

(2) 非言語的な記憶

人の顔や写真に写った風景や絵などの非言語的な刺激についての記憶に関しては，加齢の影響がほとんどないことが報告されている．バーリックら(Bahrick et al.)は，17～74歳までの392名を対象に，彼ら自身の卒業アルバムを用いて，同級生の顔や名前について再生，再認させたところ，高齢者は，若年者に比べて同級生の名前の再生では劣っていたが，顔と名前の再認は，ほぼ正確に行った．ただ，測定の仕方や刺激，題材が異なると結果も変わってくることから，今後も検討が必要であろう．

(3) 展望的記憶

たとえば，友人との約束で，「何月何日の何時にどこかで会う」というような今後のことについての記憶を展望的記憶という．このような記憶は，仕事をしていくためにも，また人間関係を良好に維持していくためにも不可欠なものである．最近研究され始めた新しい分野である．被験者にある決まった時間に実験者に電話させる，あるいは，特定の日にはがきを出させるなどの方法で高齢者と若年者を比較したところ，高齢者の方がいい結果を示したことから，注目を集めた．また，実験室での研究では，「ある特定の単語が呈示されたら，キーを押す」などの課題を与えて，展望的記憶を調べるが，高齢者と若年者との間に差がなかったなどの報告もされている．しかし，違う結果も報告されており，今後の検討が必要であろう．

第3節　老年期の創造性

1. 創造性とは

創造性とは何かということは，研究者によってさまざまな考え方があり，む

ずかしい問題である．しかし，ここでは「新しい価値あるもの，またはアイデアを創り出す能力，およびそれを基礎づける人格特性である」（恩田，1974）を妥当なものとして，話を進めたい．創造性は，創造的思考能力とそれを基礎づける人格特性の両方が相まって発揮されるということであり，いわゆる知能の場合とは違って，人格的側面も重要な関わりを持つものと言える．

また，新しく価値あるものとは，一般に社会の発展にとって役立つものと考えられがちであるが，この点について，マスロー（Maslow, A.H.）は「特別な才能の創造性」と「自己実現の創造性」を区別し，後者を誰にでも備わっているもので，社会にとって新しく価値あるものではないが，個人にとって新しく価値あるものを生み出す場合であるとしている．

創造性は社会の発展に寄与するようなレベルのものばかりではないという指摘は，重要なものと言えるが，これまでの研究の多くは，創造的な業績をあげた科学者，芸術家，音楽家，小説家などの特別な才能を持っている人たちに注目しがちであり，そうした人たちの加齢による創造性の発展と低下を問題にしてきた．したがって，一般の人たちの創造性については，いわゆる拡散的思考能力を測定する創造性テストの結果で，加齢による発達と低下を論じようとしてきた．

創造性テストは，たとえば，読み終わった週刊誌の読む以外の利用法を考えさせるというような課題を与え，その反応から創造性を測ろうとするものである．座るときの座布団のかわりにする，宅急便で何か送る時にクッションの代わりに詰める，などいろいろな使い方が挙げられるが，挙げられた反応について，反応の数（流暢性），反応のバラエティ（柔軟性），他の人が考えつかないような独創的な使い方を思いつくか（独創性），などの観点から創造性を評価していく．次にこのような創造性テストの結果からみた創造性の加齢による発達と低下について簡単に説明する．

2. 創造性の発達

創造性の発達そのものは，幼児期から始まっていると考えられるが，思考内容を表現する能力が十分に育っておらず，幼児を対象とした拡散的思考の研究は少ない．児童期に入ってくると，表現力も育ってきて，幼児期から発達して

きた創造性が発揮され始める．

　トーランス（Torrance, E.P.）によると，全体として小学1年から大学生まで発達していくが，その間に4度，落ち込む時期のあることが特徴である．最初の落ち込みは，小学4年でみられ，かなりの落ち込みを示す．その後も中学1，2年，および高校3年で低下がみられるのである．日本でも滝沢三千代が，小学2年から6年生を対象に創造性テストを実施し，その発達を調べている．その結果，4年では，流暢性（反応数），柔軟性（反応のバラエティ），独自性（独創性）とも他の学年より低いことが示された．このような落ち込みの原因は，よくわかっていないが，この時期が仲間集団への同一化が強まったり，記憶中心の知識の吸収が増大したりで，個性の発揮が抑制されるためではないかなどと言われている．このような落ち込みは，知能テストではみられず，創造性の発達に人格的要因や環境的要因などが関わっていること示唆するものである．

　それ以降の創造性の発達はどうか．ジャクイッシュとリップル（Jaquish and Ripple）は，18歳から84歳までを対象に創造性テストを実施し，年齢と創造性テストの成績との関連を，表3-1のような年齢グループに分けて明らかにしている．統計的検定の結果，流暢性では，若成人，成人，中成人が高齢者よりも優れていた．一方，若成人，成人，中成人の間では，差はなかった．柔軟性では，若成人と中成人が高齢者よりも優れていた．しかし，成人と高齢者との間に差はなかった．独創性では，中成人が高齢者よりも優れていた．しかし，

表3-1　各年齢グループの創造性テストの平均値（標準偏差）

年齢グループ	流　暢　性	柔　軟　性	独　創　性
若成人 18-25歳（n=70）	30.9（12.7）	19.1（5.5）	18.9（6.5）
成人 26-39歳（n=58）	30.2（13.2）	18.4（5.2）	18.6（6.4）
中成人 40-60歳（n=51）	36.2（14.0）	21.1（5.5）	19.9（7.5）
高齢者 61-84歳（n=39）	22.3（7.9）	15.4（4.1）	15.2（4.4）

（Jaquish,G.A.,Ripple,R.E., 1981より作成）

他のグループ間では，有意差はなかった．年齢の区分の仕方が一般的ではないが，61歳以上の高齢者では，とくに流暢性や柔軟性では，低下すると言える．しかし，創造性の中核と考えられる独創性では，若成人や成人と差はなく，年齢による低下はほとんどないと考えられる結果であった．

一方，マクレアとアレンバーグおよびコスタ（McCrae, R.R., Arenberg, D., Costa, P.T.）は，調査結果に基づき，年齢から拡散的思考の得点を予測する回帰曲線を示しているが，それによると，発想の流暢性や連想の流暢性は，30歳から40歳くらいがピークとなり，その後は次第に低下する．一方，かけ離れた結果（独創性に相当する）は20歳くらいがピークで，その後は急速に低下する結果となっている．ジャクイッシュらの結果と比較するとピークは大分若い年齢で迎えることになっている．また，日本では，永田が，平均年齢66.5歳の高齢群と平均年齢22.1歳の青年群に創造性検査を実施し，両グループの差について検討した結果，高齢群と青年群との間に流暢性や柔軟性でほとんど差がなく，高齢になっても拡散的思考は低下しないことを明らかにしている．高山らも高齢群と青年群との間で，拡散的思考の差について調べているが，それによれば，流暢性では差がみられず，柔軟性と独自性では，むしろ高齢群の方が得点が高いという結果が示されている．アメリカの研究結果とは異なっており，高齢者の拡散的思考については，さらなる検討が必要であろう．

3. 年齢と創造的業績

社会にとって新しく価値のある業績を残す人たちの創造性は，年齢とともにどのように変化していくのだろうか．デニス（Dennis, W.）は，文献をもとに，20歳から80歳までの間の創造的生産性（創造的業績の数）について調査した．調査対象は，人文科学，科学，芸術の3領域のアメリカ人およびイギリス人である．人文科学には，歴史家，哲学者などが含まれる．科学には，生物学者，化学者，植物学者，そして数学者などが含まれる．芸術には，建築家，劇作家，小説家，そして詩人などが含まれる．

表3-2は，年齢を10年の幅で区切って，一番生産性の高い年代を100とした場合に，各年代の生産性がいくつになるかを示したものである．これによると，各グループとも20代の生産性は，30代よりもかなり少なくなっている．

表 3-2　各領域の年代ごとの創造的生産性について

領域	年代 20代	30代	40代	50代	60代	70代
人文科学						
歴史家	11	50	76	89	100	84
哲学者	14	76	90	82	100	88
科学						
生物学者	22	90	100	81	69	55
植物学者	17	67	100	98	100	70
化学者	45	87	100	80	49	53
数学者	43	100	100	95	100	75
芸術						
建築家	24	82	100	84	36	12
室内楽	70	100	78	96	87	43
劇作家	31	93	100	73	29	9
小説家	20	69	64	100	80	24
詩人	46	87	100	65	65	40

＊表中の数字は，最も生産性の高い年代を100パーセントとし，他の年代は，その生産性に応じてパーセントを算出したものである．

(Dennis, W., 1966 より一部削除し作成)

とくに人文科学及び科学では，20代が最も少ない．最高の生産性は，人文科学，科学ともにほぼ40代から60代にわたっているが，芸術では，ほぼ40代から50代となっており，芸術の方がピークの年齢が若くなっている．高齢に入ると考えられる60代は，芸術では，それまでの年代に比べると低下が目立つが，人文科学では，ピークを迎えている．しかし，人文科学，科学ともに70代に入ると，ほとんどの場合，60代よりも低下している．

一方，シモントン(Simonton, D.K.)は，多くのデータに基づく検証から生涯にわたる創造性の発達について，理論的カーブを示している(図3-2)．シモントンは，創造性の発揮のためには，その領域でのキャリアが重要であり，生活年齢そのものは関係ないとする(図3-2では，わかりやすくするために生活年齢が示されている)．遅い年齢で創造的活動を始めても(遅咲きの人)，早い年齢から始めた場合(早咲きの人)と同じように，上昇のカーブを描きなが

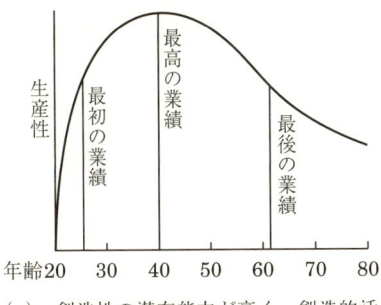

(a) 創造性の潜在能力が高く，創造的活動を早く始めた場合の創造的生産性のカーブ．

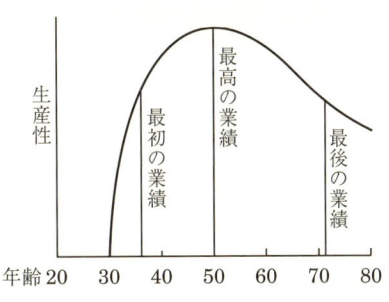

(b) 創造性の潜在能力が高いが，創造的活動を遅く始めた場合の創造的生産性のカーブ．

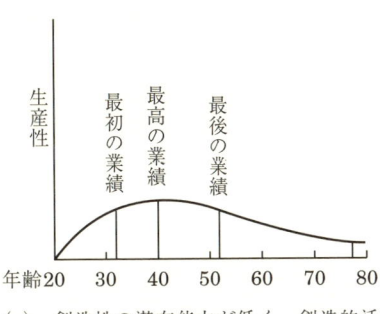

(c) 創造性の潜在能力が低く，創造的活動を早く始めた場合の創造的生産性のカーブ．

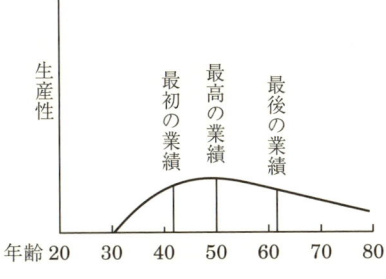

(d) 創造性の潜在能力が低く，創造的活動を遅く始めた場合の創造的生産性のカーブ．

図3-2 創造性の潜在能力の高低と創造的活動の開始時期による創造的生産性の4つのパターン（Simonton, D. K., 1998から作成）．

らやがてピークを迎え，その後は下降していくのである．創造的活動の開始が遅れるだけであり，カーブの形そのものは変わらないのである．また，ある領域でピークを迎えた後に，別の領域に移った場合には（年齢的にはより高齢になっている），その領域で，同じように上昇およびピークと下降を繰り返すのである．ワーズワースは，途中で領域を変更した例である．彼は，創造的生涯を詩という領域で始めたが，その後評論および哲学へと領域を変えた．領域が違うと，創造的生産性のカーブも変わる．詩や数学のような限定された概念を扱う場合には，上昇およびピークと下降は早くなるが，歴史のような複雑な概念を扱う場合には，上昇およびピークと下降はより遅くなるのである．

個人は創造的生涯を始める前に，何らかの創造的ポテンシャル（潜在能力）を有しており，このポテンシャルが発想を生み，その発想が具体化されて，業績となると考えており，ポテンシャルが実際に業績を生み出すときが創造的生涯の始まりであるとする．ポテンシャルの高低は，業績の量（生産性）の多寡と関係しており，生み出された業績の中から，一定の割合で傑作と呼ばれる質の高い業績が生まれるのである．ポテンシャルの高い人は，晩年においても，より多産であるために，質の高い業績を生み出す可能性が高いということである．

シモントンは，10人の卓越した心理学者について，よく引用される論文の割合について調査した．そして，若い頃によく引用される論文を書いた者は，その後も同様によく引用される論文を生み出しているということが明らかになった．同様なことは，作曲でも見いだされた．創造性の質は，生涯，一定に保たれるのであり，業績の量に対する質の高いものの割合は，一生増えもしないし，減りもしないのである．創造者が最も多くの傑作を生み出した期間は，同時に忘れ去られるようなものを多く生み出した期間でもあるのだ．

引用文献

1) Albert, M.S., Heller, H. S. and Milberg, W. "Changes in naming ability with age" *Psychology and Aging*, 3, American Psychological Association, 1988, pp.173-178

2) Birren, J. E. and Schaie, K. W., *Handbook of Psychology of Aging*, Van Nostrand Reinhold, 1977, p. 393

3) Burke, D. M. and Peters, L. "Word associations in old age: evidence for consistency in semantic encoding during adulthood" *Psychology and Aging*, 1, American Psychological Association, 1986, pp. 283-292

4) Craik, F. I. M. "Two components in free recall" *Journal of Verbal Learning and Verbal Behavior*, 7, Academic Press, 1968, pp.996-1004

5) Dobbs, A.R. and Rule, B.G. "Adult age differences in working memory" *Psychology and Aging*, 4, American Psychological Association, 1989, pp.500-503

6) Miller, G. A. "The magical number seven, plus or minus two : Some limits on our capacity for processing information " *Psychological Review*, 83, American

Psychological Association, 1956, pp.257-276
7) Schonfield, D. and Robertson, B. "Memory storage and aging" *Canadian Journal of Psychology*, 20, Canadian Psychological Association, 1966, pp.228-236
8) 恩田彰『創造心理学』恒星社厚生閣, 1974, pp.30-31

参考文献

1) 森敏昭・井上毅・松井孝雄『グラフィック認知心理学』サイエンス社, 1995
2) 二木宏明『ブレインサイエンス・シリーズ4 脳と記憶－その心理学と生理学』共出版, 1989
3) 太田信夫・多鹿秀継編『記憶研究の最前線』北大路書房, 2000
4) 佐藤泰正・徳田克己編『高齢者・障害者の心理』学芸図書, 2002
5) 古橋啓介「短期記憶と長期記憶の加齢変化」福岡県立大学紀要, Vol.6, No.2, 1998, pp.99-107
6) 井上勝也・大川一郎編『高齢者の「こころ」事典』中央法規, 2000
7) 石原治・権藤恭之・Leonard, W.Poon「短期・長期記憶に及ぼす加齢の影響について」心理学研究, 第72巻第6号, pp.516-521
8) 下仲順子編『老年心理学』培風館, 1997
9) Bernstein, R.R. "Productivity and Age" *Encyclopedia of Creativity* volume2, 1999, pp.457-463
10) Dennis, W "Creative Productivity between the Ages of 20 and 80 Years" *Journal of gerontology*, 1966, 21, pp.1-8
11) 磯貝芳郎編『心理学要論』学術図書出版社, 1987
12) Jaquish, G.A. and Ripple, R.E. ":Cognitive Creative Abilities and Self-Esteem across the Adult Life-Span" *Human Development*, 24, 1981, pp.110-119
13) 小関賢・石井富美子・矢澤圭介・高野隆一・三島正英・根建金男・赤須知明『保育心理学―保育実践の基礎―』前野書店, 1982
14) 小林充「脳の加齢と創造性」老年精神医学雑誌, 第8巻第1号, 1997, pp.15-20
15) Levy, B., Langer, E. "Aging" *Encyclopedia of Creativity*, volume1, 1999, pp.45-52
16) McCrae, R.R., Arenberg, D. and Costa, P.T.Jr. "Declines in divergent thinking

with age:Cross-sectional,longitudinal,and cross-sequential analyses" *Psychology and Aging*, 2（2）, 1987, pp.130-137

17) Maslow, A.H.（上田吉一訳）『完全なる人間—魂のめざすもの—』誠信書房，1964
18) 永田美和子「高齢者の創造性 Creativity of Aging—青年群との比較において」日本創造学会第24回研究発表大会論文集，2002，p65-67
19) 恩田彰『創造心理学』恒星社厚生閣，1974
20) Simonton, D.K. "Career Paths and Creative Lives: A Theoretical Perspective on Late Life Potential" Inc.Adams-Price（*Ed.*）*Creativity and successful aging:theoretical and empirical approaches*, Springer publishing company, Inc.New York, 1998
21) 孫媛・井上俊哉「創造性に関する心理学的研究の動向」NIJ Journal, No.5, 2003
22) 高山緑「創造性」柴田博・長田久雄編『老いのこころを知る』ぎょうせい，2003，pp.25-32
23) 高山緑・下仲順子・中里克治・石原修・権藤恭之「老年期の創造性の研究—青年群との比較において—」日本心理学会第60回大会発表論文集，1996，p.328
24) Torrance, E.P.（佐藤三郎訳）『創造性の教育』誠信書房，1966

第4章　高齢者の知能は衰えるか

　物事がすぐに思い出せなかったり，計算がすぐにできなかったりすると，「年だなあ」と冗談まじりにごまかすことがある．こんな言葉が口をついて出るのは，年齢を重ねるにしたがって知的能力が衰えるという暗黙の了解があるからであろう．それゆえ，高齢でありながらも高い能力を示す人を特別な人として雑誌やテレビは取り上げ，読者や視聴者はそれをすごいと感心するのである．

　その一方で，人生の先輩の知恵というものをわれわれは重視している．たとえば民話の中には，若者が困っているときに老人が知恵を授けて若者を助けるという話がある．こういった話は，単に高齢者を大切にしようということを伝えているのではなく，高齢者の持っている知恵の大切さを伝えていると言える．その思想は現代にも受け継がれていて，映画やテレビドラマでも，老人の一言で主人公が自分の人生を見つめなおし，再び歩き始めるというものがある．

　このように，年齢とともに知的能力が衰えるという考え方がある一方で，高齢者の知的能力を高く評価する考え方もある．どちらが正しいのであろうか．年齢とともに知的能力が衰えるというのは単なる迷信なのだろうか．それとも，知的な高齢者というのは，単なる物語の中だけの幻のようなものなのだろうか．本章では，高齢者の知的能力の特徴を，"知能"という心理学的な概念に基づいて考えてみる．

第1節　加齢による知能の変化

1. 知能の定義

　知能についてはいくつかの考え方がある．まとめると，「学習する能力」とする立場，「抽象的に物事を考える能力」とする立場，「環境に適応する能力」とする立場に分かれる．現在は，ウェックスラー（Wechsler, D.）の「目的に合わせて行動し，合理的に思考し，環境に即して対応できる能力」とする考え方，つまり環境に適応する能力を知能とする立場が一般的である（藤野，1994）．

2. 知能の測定

　知能は一般的に知能検査によって測定される．知能検査の結果は，知能指数（IQ）によって示される．IQ は，検査の結果が同じ年齢の人と比較してどの辺りになるのかを示すものである．

　日本で使われている代表的な知能検査には，ウェクスラー・テストとビネー・テストがある．その中でも，大人の知能を測定する場合にもっともよく使われているのは，WAIS-IV 成人知能検査（16 歳 0 カ月～90 歳 11 カ月の青年および成人用のウェクスラー・テスト）である．WAIS-IV は 15 の下位検査（基本検査：10，補助検査：5）で構成されており，10 の基本検査を実施することで，全検査 IQ（FSIQ），言語理解指標（VCI），知覚推理指標（PRI），ワーキングメモリー指標（WMI），処理速度指標（PSI）の 5 つの合成得点を算出する．また，5 つの合成得点のほかに補助の得点として，FSIQ からワーキングメモリーと処理速度の影響を減じた一般知的能力指標（GAI）を求めることもできる．下位検査の内容は表 4-1 の通りである．

　WAIS-IV における IQ の数値は絶対的なものではなく，正規分布を仮定し，平均が 100，標準偏差が 15 となるように作られていいる．たとえば，IQ が 100 であれば，平均的な知能であるし，130 以上であれば非常に優秀であるということになる．

　高齢者の知能を正確に測定することは非常に難しい．高齢者に合った検査の環境が用意されていないと，本来の能力よりも低い検査結果が出てしまう恐れがあるからである．たとえば，検査課題の文字や図が小さく分かりづらい場合や，検査者の声が聞きづらい場合には，正確に答えることは難しい．それから，

表 4–1　WAIS-IV 合成得点の算出にかかわる下位検査

	全検査 IQ（FSIQ）			
	言語理解指標（VCI）	知覚推理指標（PRI）	ワーキングメモリー指標（WMI）	処理速度指標（PSI）
基本検査	類似 単語 知識	積木模様 行列推理 パズル	数唱 算数	記号探し 符号
補助検査	理解	バランス（16～69 歳のみ） 絵の完成	語音整列（16～69 歳のみ）	絵の抹消（16～69 歳のみ）

ある程度検査を続けることによって生じる疲労も検査結果に影響する．また，「自分の能力が測られて低い評価をされるのではないか」というように，検査に対してマイナスのイメージを持っている場合には，動機づけが低く，課題に対して消極的になってしまうことも考えられる．このように，検査結果を歪めてしまうことがないように，日頃使用して慣れている眼鏡や補聴器の有無の確認や，適度な休憩を挟んでの検査実施，検査者と検査を受ける者との信頼関係づくりなど，細心の注意を払って検査を行うことが必要である．

3. 知能の加齢による変化

これまで，知能の成長は成人期前期で終わり，それ以降は衰えるものと考えられていた．図4-1は横断法を用いて異なる年齢の人に1回だけ知能検査を行い，それぞれの年齢の検査得点を比較した結果である．検査の総合得点は30

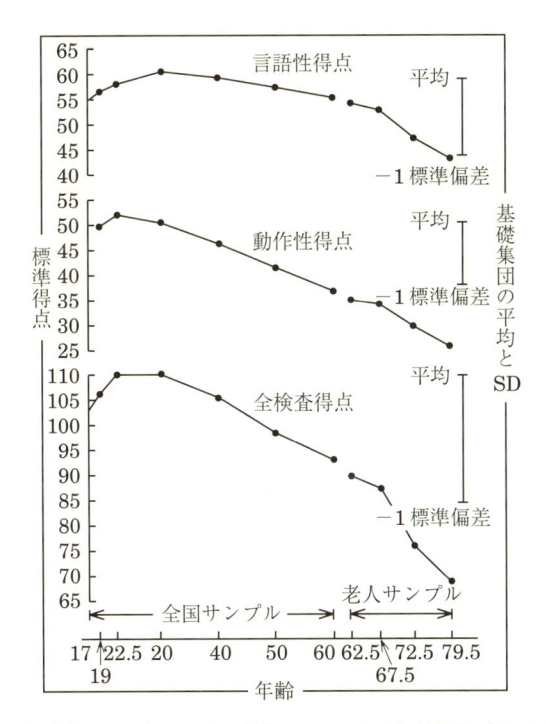

図4-1　WAIS標準化データとカンサス研究データによる年齢曲線（Wechsler, D., 1958）

歳頃まで上昇しているが，それ以降は低下し続けている．この結果は，成人期前期で知能の成長が終わるという考え方を支持している．図4-1の年齢曲線は，知能の古典的年齢曲線とも呼ばれ，知能の加齢による変化の研究の中でも最も早く確立された知見の1つである（中里，1997）．

現在では，研究方法を工夫し得られた結果から，知能の加齢による変化に関する考え方も変わってきている．そして，知能の成長は成人期以降も続くことが明らかになっている．図4-2は，シャイエが，系列法を用いて年齢の異なるいくつかの集団を同時に追跡し，25歳から81歳までの加齢による変化を調査した結果である（中里，2001）．図4-2の総合得点を見ると，60歳頃まで知能は維持されており，それ以降低下することが示されている．この結果は，30歳

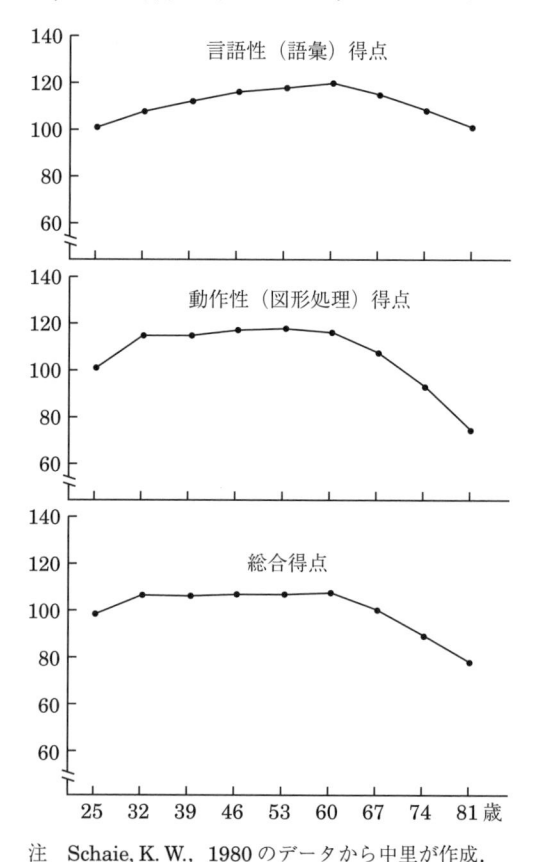

注　Schaie, K. W., 1980のデータから中里が作成．

図4-2　PMA知能検査による修正された知能の加齢パターン（中里，2001）

頃をピークとして知能が低下するという以前の研究結果とは大きく異なるものである．このように，現在では，知能は成人期前期を境に低下するのではなく，老年期に入るまで維持されるという考え方が一般的である．

第2節　老年期の知能の特徴
1．流動性知能と結晶性知能の加齢による変化
　老年期の知能の特徴は，知能を複数に分類することによって，より明確になる．なぜなら，タイプの異なる知能は，その加齢による変化も異なる場合があるからである．それぞれの知能の特徴を把握することが，老年期の知能の特徴をより理解することにつながる．ここでは，流動性知能と結晶性知能に分けて，老年期の知能の特徴をまとめる．

(1) 流動性知能と結晶性知能
　キャッテル（Cattell, R.B.）は，知能を大きく流動性知能と結晶性知能の2つに分けて考えることを提案した．

　流動性知能とは，新しいことを学習し，新しい環境に適応するときに働く知能である．たとえば，これまで身につけた知識や教養などからは答えを導き出すことができないような，全く新しい問題に出会ったときに，その解決方法を見つけ出すために必要な能力である．神経系との関係が強く，生まれつきの能力と言える面も持っている．

　結晶性知能とは，経験を積み重ねることによって，知識や教養が結晶となり，出来上がった知能である．たとえば，難しい問題に出会ったときに，これまでの経験や学んだ知識を使って，解決方法を導き出すために必要な能力である．学校教育やその他のさまざまな社会的経験と深く関係した能力である．

　流動性知能の測定は，動作性検査によって測定される．たとえば，図形を組み合わせる問題，新しい規則を見つけ出す問題，並べ替えを行う問題等である．動作性検査によって測定されるところから，動作性知能と呼ばれることもある．

　結晶性知能の測定は，言語性検査によって測定される．たとえば，一般常識や語句の意味を問う問題，計算問題等である．言語性検査によって測定されるところから，言語性知能と呼ばれることもある．

(2) 加齢による変化

流動性知能と結晶性知能は，加齢によって異なった変化をみせる．

シャイエの研究結果を示した図 4-2 の一番上の言語性得点が，結晶性知能の加齢による変化を表している．結晶性知能は青年期を過ぎて，60 歳頃まで上昇を続けている．その後，低下を始めるが，70 歳代の低下はあまり急激ではない．

図 4-2 の中央の動作性得点が，流動性知能の加齢による変化を表している．流動性知能は 30 歳頃にピークに近づき，40 歳代まで非常に緩やかに上昇を続ける．その後，50 歳代から低下を始め，70 歳代で急激に低下する．

シャイエの調査の結果から，次のことが言える．結晶性知能は，老年期でも比較的維持されており，低下もあまり急激には起こらない．一方，流動性知能は，老年期に入ると低下が始まる．ただ，70 歳代までは急激な低下が見られず，結晶性知能ほどではないが，維持されていると言える．

2. 老年期の知能の柔軟性

老年期の知能は，ただ低下するだけではない．一定の訓練をすることによって低下した能力を回復したり，さらに向上させたりすることが可能であると考えられている．たとえば流動性知能に関する練習を行った結果，練習の数に比例して，テストの得点が伸びたという報告がある(Hofland, B.F. et al., 1981)．ただ，どのような訓練をすればよいのか，また訓練の効果がどのようなものであるのかについては，今後なお研究を続けなければならない．

3. 老年期の知能に関連する要因

老年期の知能に関連する要因は加齢だけではない．それ以外の要因も関連して，老年期に特徴的な知能は形成されている．要因は単独で影響するのではなく，互いに関連し合っている場合が多く，明確に区分することが難しい場合が多いが，ここでは，環境的要因，身体的要因，心理的要因に分けて，老年期の知能に関連する要因をまとめる．

(1) 環境的要因

環境的要因として教育，職業，人間関係が考えられる．高い教育を受けるこ

とによって知能が高められ,また知能が高いことによって教育を受ける機会がより多く与えられる.このように知能と教育はお互いに影響しあっている.

職業の種類によっても,知能がより高められる場合があるであろう.成人期に知的な刺激を多く与える職業に就くことによって,知能をさらに伸ばすことが考えられる.また,老年期に入っても仕事に従事し知的な刺激を受けることで,知能が比較的維持されることが考えられる.なお,どのような教育を受けているのか,また就職する段階で知能の水準がどの程度であるのかということが職業選択に影響しており,職業とその他の要因が互いに関連し合っていると考えるべきである.

人間関係も重要な要因である.老年期に至るまでにどのような人間関係の中で生活してきたのかによって,受ける知的刺激が異なる.また,老年期に入り,退職して家族,とくに配偶者との関係が生活の多くを占めるようになる場合には,その限られた人間関係の質が知能の水準の維持に大きく影響してくることが考えられる.老年期に入って,文化的・教育的施設やセミナー等を積極的に利用しさまざまな人との交流を続けることも知能の維持に影響するであろう.

(2) 身体的要因

老年期にみられる身体的機能の低下は知能に影響する.たとえば,視覚や聴覚といった感覚器官の機能が低下し,環境の刺激を受け入れることが難しくなると,環境に適応する能力という意味での知能にも影響してくる.この低下が遺伝的なものか,それともストレスや病気によるものであるのかを区別することが重要である.

老年期には,認知症を伴わない病気を経験した人の知能の低下が見られる.認知症を伴う病気の場合に知能が低下することは当然であるが,さまざまな脳,心臓血管系の病気や高血圧の人の知能検査の結果は,健康な人の結果よりも低いことが研究によって示されている(中里,1990).老年期に入って,知能を維持するためには,健康が非常に重要な要因であると言える.

クリメイヤー(Kleemeier, R.W.)は,老年期に入ると知能が低下するという捉え方に疑問を持ち,死亡した時を基準にして分析することを提案した.そして,老年期の知能の低下は,正常な加齢の場合,死の直前に起きると仮定し

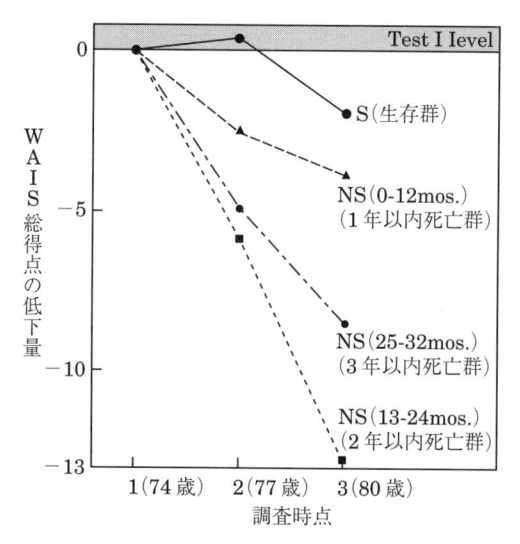

```
                                    Test I level
  0 ●━━━●
            ╲   ╲╲
  W         ╲    ╲ ╲
  A          ╲    ╲ ╲●  S (生存群)
  I          ╲     ╲
  S  -5      ╲▲     ╲
  総          ╲      ╲▲ NS (0-12mos.)
  得           ╲        (1年以内死亡群)
  点            ╲
  の            ■╲
  低 -10          ╲
  下              ╲●  NS (25-32mos.)
  量               ╲   (3年以内死亡群)
                   ╲
                    ╲ NS (13-24mos.)
    -13              ■ (2年以内死亡群)
       1(74歳) 2(77歳) 3(80歳)
              調査時点
```

注　S：生存群　NS：死亡群

図4-3　WAIS総得点の変化と生存および死亡時期（中里，2001）

た．この考え方は，知能の終末低下と呼ばれている．

　ウィルキー（Wilkie, F.）とジャービク（Jarvik, L.）は，74歳から6年に渡り，74歳，77歳，80歳の計3回追跡調査を行った．そして，調査終了後4年以上生きた生存群と，1年，2年，3年後に死亡した3つの死亡群を比較した（中里，2001）．図4-3はその結果を示している．生存群と1年以内死亡群は，6年間に知能の低下があまり見られなかった．一方，2年以内死亡群と3年以内死亡群では，明確な知能の低下がみられた．この結果から，知能の低下は，死亡の直前ではなく，死の7年～10年前から生じていることが示された．知能の終末低下からも，健康が知能にとって重要な要因であることが示されている．

（3）心理的要因

　生きがいや，仕事が保障されていることによる安定感といった心理的要因も，知能と関連する要因である．たとえば，退職した後も積極的に目的を持って活動していると，知的な刺激を受ける機会が多い．一方，退職と同時に人生の目的を失ってしまえば，活動は消極的になり，知的な刺激を受ける機会は減少し

ていくであろう．このように，心理的な要因も知能に影響を与えるものとして考えていかなければならない．

第3節　知能の変化による影響
1．流動性知能・結晶性知能の変化による影響

第2節で見てきたように，流動性知能は40歳頃を境にして低下し始める．つまり，新しい情報を取り入れ，それを操作する能力や，新しいことを学び，新しい環境に適応していく能力が少しずつ低下していくのである．そのため，機械を操作することが得意な人でも，老年期に入ると，これまで一度も使ったことがない電化製品の使い方を覚えるために，多くの時間を必要とするということが起きる．

しかし，ピークの30歳頃から老年期までの低下はそれほど大きなものではない．そのため，流動性知能が急激に低下し始める70歳代まで，日常生活において，新しい環境に適応していく能力は，ほぼ維持されていると考えられる．一方，結晶性知能は60歳頃まで上昇を続ける．そして，その後低下するものの，低下の仕方は穏やかである．つまり，教育やその他のさまざまな社会経験を通じて身についたことは，老年期に入っても，十分に発揮することができるのである．たとえば，一番ヶ瀬（2000）が紹介している年齢の異なるタイピストの能力を比べた研究によると，反応時間や指の動きは若いタイピストの方が速かったが，実際のタイピングの速さに差は出なかった．この結果について，経験豊富な高齢のタイピストには，文章の先を読む能力があり，それが反応時間や指の動きの差を補ったのではないかと考えられている．つまり，これまで

図4-4　（進藤，2000，p.43）

の仕事の中で積み重ねてきた知識を生かして文章を打っていたのである．芸術家の中にも，晩年まで活躍し，若い芸術家では表現できないような深みのある作品を創り出して，高い評価を得ることがある．これも積み重ねてきた経験を十分に発揮した1つの現われとして考えることができる（図4-4）．

2. 老年期の知能の特徴を生かすために

　老年期の社会生活を考える時に，知能を単に低下するものとして捉えるのではなく，老年期の知能の特徴を生かすことが必要である．これまでの老年期の知能の変化に関する知見をまとめると，知能全体では低下の傾向が見られた．しかし，結晶性知能は比較的高いレベルで維持されており，流動性知能も急激な低下は後半になってからであった．また，知能には柔軟性があり，訓練が知能の維持に効果的である場合があった．それから，知能の変化には，加齢だけではなく，その他の要因も影響することが考えられた．これらの老年期の特徴を生かした社会生活の姿について，次のようなことが考えられる．

　たとえば，流動性知能の低下が新しい環境に対する適応に影響を与えるような場合には，結晶性知能を生かした適応を考えるべきである．われわれにとって何もかもが全く新しい環境に出会うということは，ほとんどないと言ってよい．何かこれまでに経験していることと重なっている部分，似ている部分がある．高齢者が新しい環境に置かれた時に，これまで積み重ねてきた知識に照らし合わせて自分の慣れ親しんだ部分を見つけることができれば，環境への適応はよりスムーズに進むであろう．介護など高齢者と関わる場合に，ただ新しい環境に適応できるか，できないかではなく，新しい環境とこれまで身につけている知識との共通点を見つけ出し，その橋渡しをすることを考える必要がある．

　また，知的な刺激に接する生活が大切である．流動性知能を活用する場面が苦手であるからといって，使わなければ，さらに低下してしまう．この時，知能を低下させないための訓練だけを行っていても，充実した社会生活とは言えない．環境的要因や心理的要因を考えた生活の充実が必要である．たとえば，役割を持つことで社会的な経験からさまざまなことを学ぶ機会が生まれる．仕事や家庭，地域のグループ活動の中で役割を持つ充実感は，さらに積極的に学ぶことへの意欲を高め，文化的・教育的な施設の利用や，教育セミナーなどへ

の参加につながることもある．また，そのような関わりの中で生まれる人間関係からも知的な刺激を受けることになる．このように，生活の中で知能を維持していく機会をつくることが重要である．

3. おわりに

　老年期の知能の特徴は，知能を流動性知能と結晶性知能に分類することや，加齢による変化の研究法を工夫することによって明らかになってきた．しかし，知能という心理学的概念だけでは，高齢者の知的能力の特徴を十分に捉えきれないことも事実である．近年は，知能にとらわれない研究が行われている．たとえば，人生において難しい判断を求められたときに働く知恵（wisdom）を心理学的に測定する試みや，一方向からではなく複数の視点で物事を考える相対的思考を高齢者の知的能力の特徴として捉える試みが行われている．今後，高齢者の知的能力についてのさまざまな知見が得られることが期待される．

　最後に，第4章のタイトルである「高齢者の知能は衰えるか」という問に対して，現時点では次のように言うことができる．高齢者の知能は確かに低下する傾向がある．しかし，知能をより詳しくみると，結晶性知能は高齢者でも維持され，高齢者に特有な知的活動を支えている．また，知能に影響する要因に配慮し，知能の柔軟性を生かすことで，低下をより緩やかなものにすることが考えられる．よって，「衰える」という表現は高齢者の知能を適切に表しているとは言えない．

引用文献

1) 藤野信行「老年期の心理的特性」市川隆一郎・藤野信行編『増補版老年心理学』診断と治療社，1994，p.44
2) Hofland, B.F., Willis, S.L. and Baltes, P.B. "Fluid intelligence performance in the elderly：Retesting and conditions of assessment" *Journal of Educational Psychology*，73，1981，pp.573-586
3) 中里克治「老人の知的能力」無藤隆・高橋惠子・田島信元編『発達心理学入門Ⅱ―青年・成人・老人』東京大学出版会，1990，p.126
4) 中里克治「知能と加齢」下仲順子編『老年心理学』（現代心理学シリーズ14）培風館，

1997, p.53
5) 中里克治「老年期の知能」福祉士養成講座編集委員会編『老人・障害者の心理』(新版介護福祉士養成講座 7) 中央法規出版, 2001, p.33, 38
6) 一番ヶ瀬康子監・進藤貴子『高齢者の心理』(介護福祉ハンドブック 41) 一橋出版, 2000, p.42

参考文献

1) 井上勝也・木村周編『新版老年心理学』朝倉書店, 1993
2) 福祉士養成講座編集委員会編『老人・障害者の心理』(新版介護福祉士養成講座 7) 中央法規出版, 2001
3) 長谷川和夫・長嶋紀一『老人の心理』全国社会福祉協議会, 1990
4) 無藤隆, 高橋惠子, 田島信元編『発達心理学入門Ⅱ―青年・成人・老人』東京大学出版会, 1990
5) 中里克治「老年期における知能と加齢」心理学評論 27, 1984, p.247-259

第5章　高齢者の感情は不安定か

第1節　老年期の感情
1．感情の種類

　人間は感情の動物であり「喜怒哀楽」の世界で生活している．われわれはいつも不安や恐怖，それに快や不快などの感情を抱きながら生きている．このような人間の心のはたらきを通常，心的活動と言い感情と言う．人間は誰しも好き嫌いがある．果物にも好きな果物と嫌いな果物がある．また，友だちに頼まれてできることとできないことがある．そこには感情がはたらいているからである．感情には良し悪し等の価値判断がともなっているのが感情である．

　図5-1は宮城の感情の分類である．感情の基本は「快－不快」である．調子のよい時は「快」であり，楽しいことである．われわれは，いつも無意識のうちに「快」を求めて生活しているのである．

　感情には体がだるい，そう快，恍惚，しっと，怒り，不安など，いろいろな種類がある．宮城は感情には気分，感情傾向，情動，快苦感の4種類に分け，さらに細かく分類している．また，感情の種別には単純な感情（苦快感），一時的な感情（情動または情緒），複雑な感情（情操），持続的な感情（情熱）の4種類があるとしている（宮城，2001）．

　快苦感とは，快－不快，好き－嫌いなど，感情の土台となる単純な感情であ

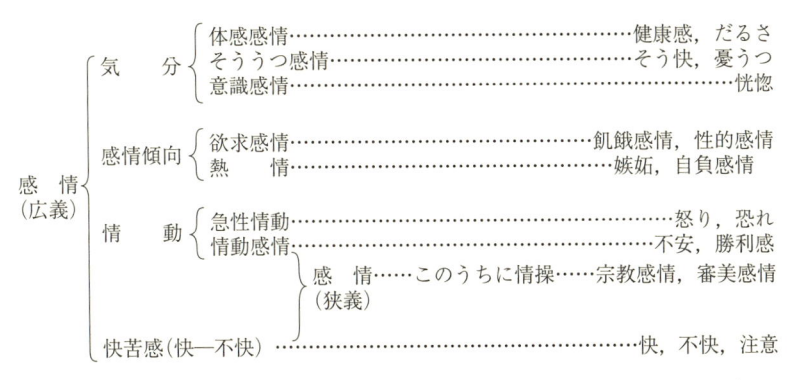

```
               ┌ 体感感情……………………………………健康感，だるさ
        ┌ 気　分 ┤ そううつ感情………………………………そう快，憂うつ
        │       └ 意識感情……………………………………恍惚
        │
        │       ┌ 欲求感情……………………………………飢餓感情，性的感情
        ├ 感情傾向┤
感　情   │       └ 熱　　情……………………………………嫉妬，自負感情
(広義)  │
        │       ┌ 急性情動……………………………………怒り，恐れ
        ├ 情　動 ┤ 情動感情……………………………………不安，勝利感
        │       │   ┌ 感　情……このうちに情操……宗教感情，審美感情
        │       └   └ (狭義)
        │
        └ 快苦感(快—不快) ……………………………………快，不快，注意
```

図5-1　感情の分類（宮城音弥『岩波心理学小辞典』岩波書店，1979，p.40）

る．情動とは恐怖・緊張・不安に対し，「怖いと逃げる」など，急に行動化が起こる一時的な感情である．たとえば，人間は恐怖を感じると心臓がどきどきし，興奮すると顔が赤くなる．恐怖や興奮などは内臓のみでなく，筋肉に変化をもたらす動きがあるため情動と言っている．

情操は複雑な感情で道徳的な価値観や社会的価値観を備えている．たとえば，人に対する親切心や思いやり等の複雑な感情が情操である．情熱とは嫉妬や愛情等の情動が何時までも持続する感情のことである．感情の世界では楽しいときは心が弾み，つらい話を聞くと悲しくなる．感情は体との関連が強く，心の健康状態をあらわすバロメーターであり，日常生活において深く関与しているのが「気分」である．

宮城は，気分には操うつ感情（そう快，憂うつ），体感感情（健康感，だるさ），意識感情（恍惚）など，3種類に分類している．われわれの日常生活では，常に気分がつきまとい，理由もなく気分の良いときと悪いときがあり，好・不調の波が周期的に押し寄せてくることがある．われわれは，これをバイオリズムといい，体調にはリズムがあることも実感している．春は不思議と気分が陽気になるのに対して，梅雨どきになると気分は憂うつになる．気分は体調や天候，それに季節によって左右されることが多い．

人間は気分の良い時期が続いた後，不思議と気分のさえない時期がやってくるものである．われわれは気分のすぐれない時期をスランプといい，人間はこの大きな生体のリズムの中で生活しているのである．これが気分なのである．また，われわれは日々，生活のなかで些細なことでイライラし，立腹したりすることがある．この小さな感情の波が気持ちであり，周期的にやってくる持続的な感情が気分なのである．

感情は気分のみでなく，体の変化（かんしゃくを起こすと顔に青筋が浮く）や自律神経系（興奮すると食欲低下），それに内分泌系（恐怖時にはアドレナリンが作用）にまで変化が見られるなど，体や精神活動に影響をあたえるものである．われわれは内科や胃腸科医に，ストレス性の胃潰瘍と診断されることがある．腹痛や頭痛などの疾病には，精神的なものが原因していることもあり，感情が深く関係しているのである．

2. 老年期の感情

　老年期の感情は心身ともに健康であれば，壮年期と基本的に変わらないものである．感情の混乱は精神面の異変など，脳の異常を疑うことである．図 5-2 は，バンハムの感情の変化である．

　最初に出現する感情は興奮である．生まれた瞬間に「オギャー」「オギャー」と，甲高い声で泣く，この赤ちゃんの泣き声が実は興奮なのである．興奮の感情は「快－不快」に分化し，快と不快の感情は発達に伴いさらに細分化し，最大限に感情が分化するのは壮年期である．

　バンハムは，感情の分化を幼児期，成人期（壮年期），老年期にわけ，老年期の感情特性について，次のように述べている．「興奮」の感情は老年期には「無感動・消極性」，「快」の感情は「満足」，「不快」の感情は老年期には「憂うつ」の感情に変化するとしている．老年期は壮年期にみられる生き生きとした快活な感情が衰え，「喜怒哀楽」等の感情は平板化し空虚な様相を呈し，感情失禁（一寸したことで涙を流す）など，感情のもろさが起きやすくなる．これが老年期の感情特性である．老年期に見られる興奮や激怒，それに多幸的状態（にこに

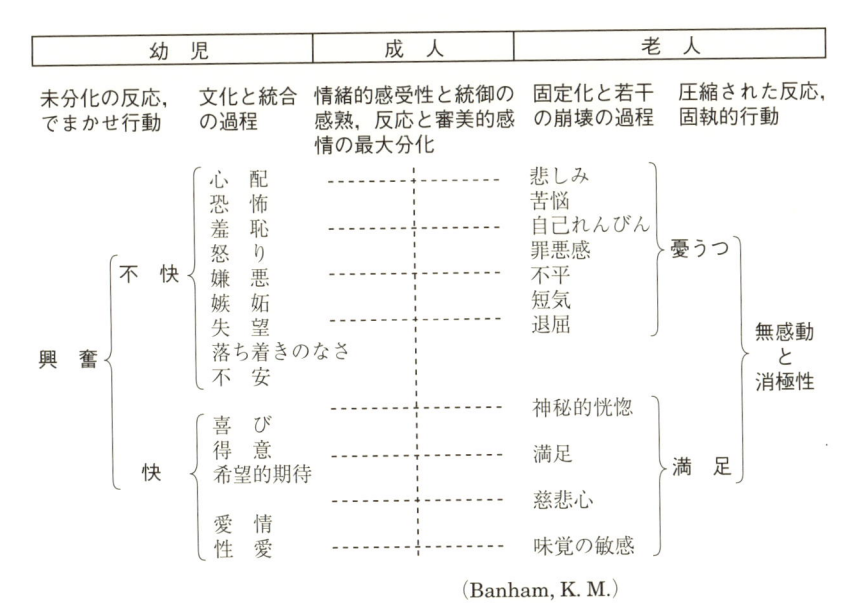

幼　児	成　人	老　人
未分化の反応，でまかせ行動　文化と統合の過程	情緒的感受性と統御の成熟，反応と審美的感情の最大分化	固定化と若干の崩壊の過程　圧縮された反応，固執的行動

　　　　　　　　　　　　　　心配　　　　　　　　　悲しみ
　　　　　　　　　　　　　　恐怖　　　　　　　　　苦悩
　　　　　　　　　　　　　　羞恥　　　　　　　　　自己れんびん
　　　　　　　不快　　　　　怒り　　　　　　　　　罪悪感　　　　憂うつ
　　　　　　　　　　　　　　嫌悪　　　　　　　　　不平
　　　　　　　　　　　　　　嫉妬　　　　　　　　　短気
　　　　興奮　　　　　　　　失望　　　　　　　　　退屈　　　　　　　　　無感動と消極性
　　　　　　　　　　　　　　落ち着きのなさ
　　　　　　　　　　　　　　不安

　　　　　　　　　　　　　　　　　　　　　　　　　神秘的恍惚
　　　　　　　　　　　　　　喜び
　　　　　　　快　　　　　　得意　　　　　　　　　満足　　　　　満足
　　　　　　　　　　　　　　希望的期待　　　　　　慈悲心

　　　　　　　　　　　　　　愛情
　　　　　　　　　　　　　　性愛　　　　　　　　　味覚の敏感

　　　　　　　　　　　　　　（Banham, K. M.）

図 5-2　感情の変化（硯川，1999, p.15）

こ顔)は，老年期特有の感情ではなく，認知症など脳の異常が関係していることが多い．

　社会の第一線で活動している高齢者は，老性自覚もなく健康な人が多い．しかし，老化は個人差があるものの確実に進行している．老化は体の各部位が同じテンポで進行するのではなく，たとえば聴力は衰えているが，脚力は健在でテニスなど，毎日スポーツに精出している高齢者もいる．

　老年期は不安と喪失感が強く，多額の蓄財のある高齢者でも，壮年期の何倍もの不安を抱くのが老年期である．高齢者は一般に物を捨てるのを嫌がりケチだといわれる．しかし，本当はケチではなく，高齢者にとって経済力を維持する唯一の方法であり，経済不安によるケチなのである．また，高齢者の頑固さやこだわりは，不安が根底にあるからである．

　壮年期は人生で最も充実した活動を行う時期である．その後に老年期がくるため高齢者は壮年期を懐かしく美化する一方，パソコンなど最近の科学技術の進歩は著しく知識の習得が困難な高齢者には，想像できないほど生活のしづらさがある．生活のしづらさは高齢者にとってはストレスであり，イライラ感が昂じて感情が不安定になるのである．

　高齢者は過去の経験を生かし自分のペースにあった生活が，一番情緒が安定するのである．高齢者は，急な指示に対しては，戸惑いが生じ，感情の混乱をもたらすことが多い．また，「孫は来てよし，帰ってよし」の川柳がある．高齢者は孫が遊びに来るのは嬉しいが，騒がれると神経が高ぶり，心身疲労を呈することが多い．これは老年期の無感動，消極性感情が刺激をうけ，ペースが乱れイライラ感が昂じてくるからである．マイペースは高齢者にとって，心が一番安定することなのである．

　人間は常に不満に耐え，自己コントロールに努めている．しかし老年期は感情が脆弱化してくるため，耐性能力は低下し，耐性範囲を超えるとストレスになり，感情の混乱や身体上の不健康を招くことになる．

第2節　老年期の不安感

1. 老年期の不安要因

　老年期は老化（加齢に伴って起こる生体機能の低下）の進行により，体や精

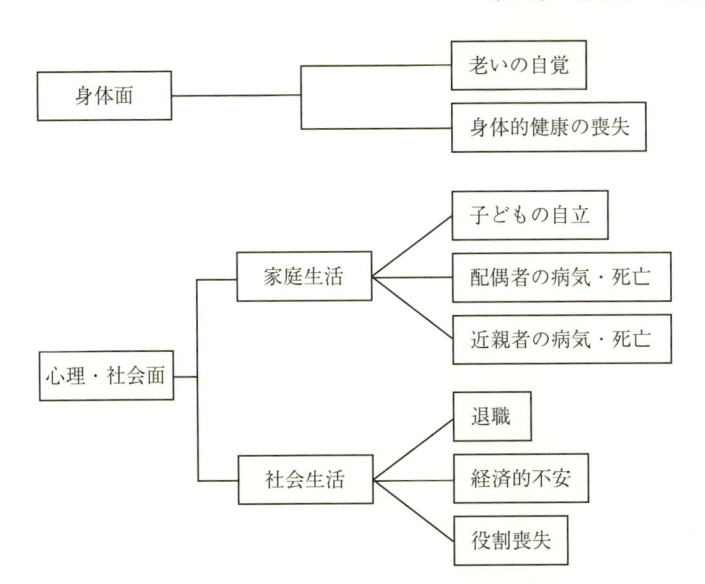

```
                    ┌─ 老いの自覚
        ┌─ 身体面 ──┤
        │           └─ 身体的健康の喪失
        │
        │                      ┌─ 子どもの自立
        │           ┌─ 家庭生活 ┼─ 配偶者の病気・死亡
        │           │          └─ 近親者の病気・死亡
        └─ 心理・社会面┤
                    │          ┌─ 退職
                    └─ 社会生活 ┼─ 経済的不安
                                └─ 役割喪失
```

図 5-3 老年期の身体，心理・社会的側面の特徴（筒井末春他「高齢者の心身症の特徴」老年医学，36, 1998, pp.979-983）

神面にいろいろな変調が起きてくる．老化現象は個人差が大きく，進行性のものである．老年期は老いを自覚し健康の喪失，配偶者等の病気や死亡，経済的不安や役割喪失等で，不安症状を呈する高齢者が多くなる．

図 5-3 は，筒井らの老年期の身体，心理・社会的側面の特徴（老年期の不安要因）である（大下，2001）．老年期は定年や退職，それに家督の譲り渡しなど，次々と手放し喪失する時期である．しかも，収入の道が断たれ生きる目標を失い，生活不安や経済不安が高まってくるのが老年期である．老年期は社会活動の縮小に伴い人間関係が狭小化し，昔の仲間とも音信が途絶え，家庭生活では発言力や存在感が次第に低下してくる．そこに体力の衰えや疾病が加わると，不安症状を呈しうつ状態になる高齢者が多くなる．

2. 老年期の喪失体験

老年期は衰退と喪失の過程が老年期である．老年期の喪失メニューは，次の通りである．

① 職業・地位の喪失

② 収入の喪失
③ 仲間（友人）・配偶者の喪失
④ 生活空間（住居）の喪失
⑤ 自立生活の喪失
⑥ 健康・若さの喪失
⑦ 自己・生命の喪失
⑧ 生きる目的・意欲の喪失

　高齢者は悠々自適の人生を謳歌し，楽しく過ごせるのも老年期前期までである．老年期後期は認知症等で介護の必要な高齢者が増え，喪失メニューは急に加速しはじめる．この喪失メニューは，どれも人間の存在を揺さぶるものであり老年期の不安要因と密接に関連していることがわかる．

(1) 身体・健康の喪失

　老年期は確実に体と精神的機能が低下し，精神面では物忘れなど，記憶力や知的能力の低下を意識するようになる．身体面では視力や聴力の衰えを自覚し，疲労回復や性欲の減退をはじめ白髪や皮膚のしみ，それに禿頭など外見上の老化現象に不安を抱き，身体上の喪失感を強く意識するようになる．

　また，老年期は糖尿病や高脂血症など内分泌代謝系の異常，白内障や耳鳴など眼科・耳鼻科の異常，高脂血症や心筋梗塞等の循環器系の疾病など，健康問題に神経質になるのが老年期である．

(2) 家庭生活の喪失

　初老期は子どもの結婚や孫の出産など「おじいちゃん」と，呼ばれることに抵抗感を抱きつつも，老性自覚を意識しはじめる時期である．退職後は社会の第一線から退くと，家庭内における発言力も低下し，生きる目標を次第に喪失し，身辺自立の衰えを自覚し，失望感が漂いはじめてくる．そこへ介護等が必要になってくると，高齢者は邪魔者等の被害意識を強め，さらに配偶者の死別等で，息子との同居や老人福祉施設入所等から，住み慣れた家をも最後には喪失する．これが老年期である．

(3) 社会生活の喪失

人間は身体的自立や精神的自立，それに経済的自立が重要である．高齢者は経済的な保障があれば，安心した老後と心身の衰えはある程度補完することができる．しかし，老年期は社会活動の停止により収入も減少し，社会的役割や社会とのつながりを喪失し，仲間や友だちとの交流も疎遠になってくる．また，長らく音信のない仲間の訃報など，老年期は仲間をも失い，社会生活や社会的役割をも喪失することになる．

老年期は老化を意識し心身の衰えを自覚し，喪失体験が重なってくると，次第に不安定さが増し，いろいろな心身症を呈してくる．これが老年期である．

3. 老年期の不安傾向

人間は日々，不安を背負って生活している．不安と恐怖は同意語として使われている．「不安」は漠然とした恐れであるのに対し，恐怖は「犬が怖い」など，対象物がはっきりしている．これが不安と恐怖の違いである．不安には解かっている不安と漠然とした不安がある．たとえば，人前で挨拶するときは，誰しも不安を感じるものである．これは解かっている不安であり，正常で一時的な不安である．しかし，漠然とした不安は持続し心や体に異常を招くことがある．

「病は気から」の諺がある．気とはストレスのことである．ストレスの原因は不安であり，ストレスが蓄積してくると体の不調やイライラ感，それに集中力の低下などの精神症状が出現し，さらに不眠や食欲不振などの身体症状をも呈してくる．われわれは心と体を侵す不安を「病的不安」と呼んでいる．

図5-4は，池見らの健康調査票である．この調査票は年齢別，精神症状の推移を読みとることができる．不安傾向は年齢により違いがみられる．池見らは，心気傾向や不安傾向は，青年期（20歳から30歳）に高く，壮年期には低下し，老年期に再び不安傾向が高くなるとしている．

また，心気傾向は30歳頃と60歳前後に高くなるが，老年期後期（70歳以降）には低下している．不安傾向は老年期前期（60歳から70歳頃）にかけて高くなるが，老年期後期には低下している．抑うつ傾向は，壮年期（30歳頃）ころが最も低く，加齢とともに高くなり，老年期前期（60歳から70歳頃）をピークに，その後は低下するとしている．このように壮年期は，人生で最も精

(池見・松本, 1973)

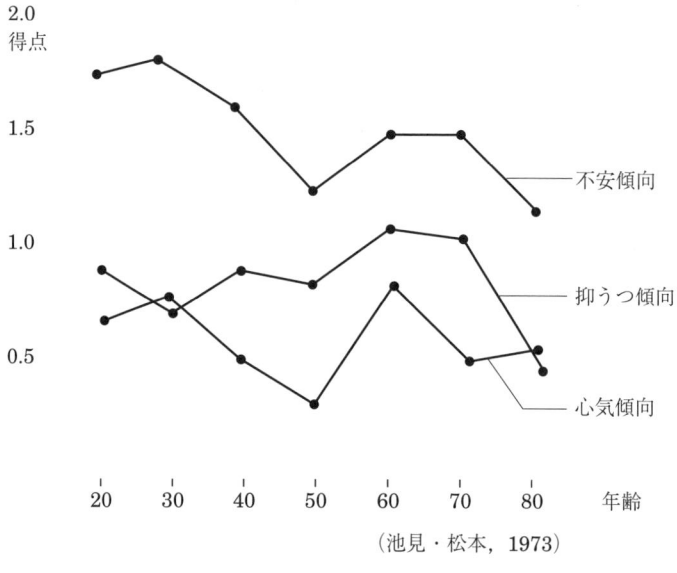

図 5-4　健康調査票（平井・清水, 1986, p.252）

神状態が安定した時期であり，最も不安定な時期は老年期前期である．老年期は心身が健康で，衰えを感じさせない高齢者であっても，体や精神機能は確実に低下している．そこに疾病や心理・社会的不安が加わると，精神上の問題を呈し，一気に老け込む高齢者が多い．老年期の個人差は，健康や性格，職種や生活環境などの違いが関係している．これが老年期の特徴である．

第3節　老年期のうつ状態

1. うつ状態

　精神症状の基本は気分である．気分は健康状態や天候それに季節が，関係していることもある．また，気分は一日の内でも，朝方と夕方とでは違いが見られる．通常，朝方は気分が悪く，夕方は心が弾むものである．人間は常に楽しいことや悲しいことがある．楽しいときは気分が躁であり，悲しいときは気分がうつ傾向になる．

　図 5-5 は，大熊の躁状態・うつ状態の精神・身体症状である．躁は気分が高揚し，行動もてきぱきとし活発であり，心の状態はそう快である．これに対し

		躁状態	うつ状態
感情	気分	そう快 きげんがよい おこりっぽい	憂うつ 悲しい・寂しい 不安 いらいら，苦しい 感情が動かない
	身体感情	からだの調子がいい 健康感にあふれる 疲れを感じない	体の調子がわるい 健康感がない
	自我感情	自我感情が高まる 自分を実際以上に評価 自信過剰 楽観的	自我感情の低下 自分を実際以下に評価 自分を責める 劣等感 悲観的・絶望的
意欲・行為	個人面	意欲が高まる 多弁・多動 行動せずにいられない 精神運動興奮	意欲低下（制止），おっくう 寡言寡動（口数や動きが少ない） じっとしていられず徘徊 昏迷（意志，行為が止まり，ことばや行動がなくなる）
	社会面	やりすぎ・脱線 むだづかい 外出・訪問	家に閉じこもる 厭世的 自殺
思考	形式面	観念奔逸 テンポが速い	制止 テンポが遅い
	内容面	誇大的	微小的（罪責・貧困・心気などの観念または妄想） 虚無的な考え
からだの機能		不眠（早朝覚醒） 食欲亢進 性欲亢進	不眠（眠りが浅く，朝方抑うつ） 食欲不振，やせる，便秘 日内変動（朝方調子がわるい） 頭重，頭痛，肩こり しびれ，発汗，口渇

（大熊輝雄）

図5-5 躁状態・うつ状態の精神・身体症状（佐藤・坪井，2001，P1192）

て，うつは気分が落ち込み，意気消沈した心の状態である．人間は誰しも気分に浮き沈みがあり，個人差はあるものの日常生活で操になったり，憂うつな気分になることがある．

うつ症状は不快なもので，悲しさや不安，それに悩みや苦しみがつきまとい，誰かに助けを求めたくなるものである．われわれは相談時に，この症状は，うつ病なのかうつ状態なのか，見分けることが必要である．そこで良く使われるのが，スクリーニングテストである．

表5-1は，イサベッジ（Yesavage, J.）のうつ病・うつ状態に関する評価ス

表 5-1　うつ病・うつ状態に関する評価スケール

1. 毎日の生活に満足していますか	(はい, いいえ)
2. 毎日の活動力や周囲に対する興味が低下したと思いますか	(はい, いいえ)
3. 生活が空虚だと思いますか	(はい, いいえ)
4. 毎日が退屈だと思うことが多いですか	(はい, いいえ)
5. たいていは機嫌良く過ごすことが多いですか	(はい, いいえ)
6. 将来への漠然とした不安にかられることがありますか	(はい, いいえ)
7. 多くの場合は自分が幸福だと思いますか	(はい, いいえ)
8. 自分が無力だなぁと思うことが多いですか	(はい, いいえ)
9. 外出したり何か新しいことをするよりも，家にいたいと思いますか	(はい, いいえ)
10. なによりもまず，物忘れが気になりますか	(はい, いいえ)
11. いま生きていることが素晴らしいと思いますか	(はい, いいえ)
12. 生きていても仕方がないという気持ちになることがありますか	(はい, いいえ)
13. 自分が活気にあふれていると思いますか	(はい, いいえ)
14. 希望がないと思うことがありますか	(はい, いいえ)
15. 周りの人があなたより幸せそうにみえますか	(はい, いいえ)

(Yesavage, J, 1983：長谷川和夫「ライフサイクルと心身症，老年期」末松弘行編『新版心身医学』浅倉書店，1994, pp.704-712.)

ケールである．これは高齢者用に考案したものである．この評価スケールは使い勝手がよく，簡便で信頼性が高いので臨床現場でよく使われている．評価の仕方は，1, 5, 7, 11, 13 では「はい」は 0 点，「いいえ」は 1 点．また，2, 3, 4, 6, 8, 9, 10, 12, 14, 15 では「はい」は 1 点，「いいえ」は 0 点とし，合計点が 5 点以上をうつ状態としている．

　うつ病，またはうつ症状を英語でデプレッション (Depression) と呼んでいる．うつ病は病気であり，うつ状態は単なるうつ症状なのである．うつ病とうつ状態の違いは，うつ症状の期間にある．うつ病とうつ状態はともに，うつ気分や憂うつなどの，うつ症状が顕著で意欲や自発性が低下し，食欲不振や不眠，それに疲労感などの身体症状が，短期間（3〜4 日）に解消する場合はうつ状態である．また，うつ症状が 2 週間以上続くと，うつ病の疑いもあり専門医の診察が必要と考えられる．

　われわれは「うつ症状」をうつ状態と呼んでいる．うつ状態の原因は，遺伝的要因や身体的要因，それに心理・社会的要因などがある．遺伝的要因を内因性うつ状態と言うが，原因が不明のときに使われていることが多い．身体的要因では，内分泌異常や代謝異常による疾病，甲状腺機能障害や脳の動脈硬化に

よる脳障害，血圧降下剤や経口避妊薬など，薬の副作用でうつ状態を呈していることもある．

心理・社会要因の場合，青年期は人間関係や失恋などが多く，壮年期は転勤や昇進等，老年期は喪失体験などが，不安やストレスの誘因になることが多い．とくに老年期は，社会的要因（人間関係の縮小・退職）や身体的要因（疾病，体力の低下），それに家庭的要因（隠居，責任と役割の喪失，配偶者の死）などの喪失体験がうつ症状の原因になっていることが多い．

2. 老年期のうつ状態

うつ状態とは憂うつ観や悲哀観など，抑うつ感情（気分低下）を中核にして，意欲低下（対人関係回避・億劫）や生命力の低下（倦怠感・食欲不振）が見られる症状である．図5-6は，久松らの初老期うつ状態の病像である．

老年期のうつ状態は，気分低下，意欲低下，生命力低下が共通して見られる．これが老年期のうつ状態の特徴である．老年期には寝つきが悪いとか度々，夜間目がさめるとか，早く目がさめる等の症状は高齢者に多く，老年期の生理的現象でもある．老年期のうつ状態とは，倦怠感や睡眠障害，それに食欲不振などの身体症状を呈し，一方では意気消沈や不安，イライラ感や絶望感それに心気妄想（軽い体の不調を病気として悩む）などの精神症状を呈してくる．これが老年期のうつ状態の特徴である．

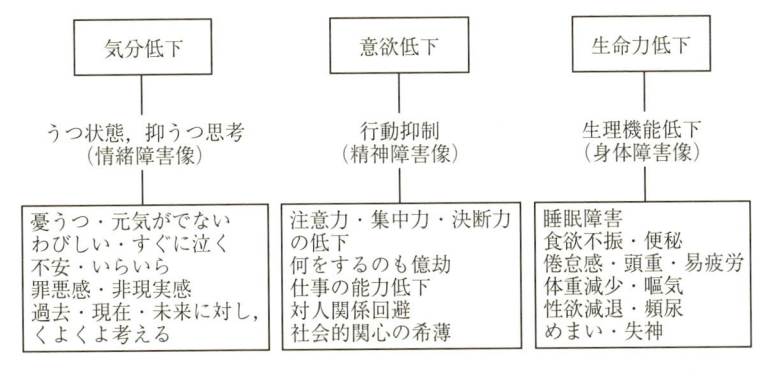

気分低下	意欲低下	生命力低下
うつ状態，抑うつ思考 （情緒障害像）	行動抑制 （精神障害像）	生理機能低下 （身体障害像）
憂うつ・元気がでない わびしい・すぐに泣く 不安・いらいら 罪悪感・非現実感 過去・現在・未来に対し， くよくよ考える	注意力・集中力・決断力 の低下 何をするのも億劫 仕事の能力低下 対人関係回避 社会的関心の希薄	睡眠障害 食欲不振・便秘 倦怠感・頭重・易疲労 体重減少・嘔気 性欲減退・頻尿 めまい・失神

図5-6 初老期うつ状態の病像（久松由華他「内科領域でみられる初老期うつ病」Modern Physicam 17, 1997, pp.1371-1376, 改変）

老年期の体の不調や疾病は死に直結しているため，死を意識して心気症や抑うつ症状を呈しやすいのである．とくに認知症の初期段階では，「物忘れ」が頻発し一日中，物探しに時間を費やす状態から精神的疲労が重なって，気分がふさぎ込みがちになり，そこに疾病等の健康問題が加わるとうつ状態になりやすくなる．

第4節　感情の混乱と被害感

1. 感情の混乱要因

混乱の原因は，内因的要因や外因的要因，それに心理・社会性要因などが考えられる．

老年期の感情の混乱は，多元的な要因で発生していることが多い．ただ，脳の老化のみでなく，内因的要因（遺伝や素質）や心理・社会的要因（喪失体験等），それに外因的要因（疾病等）など，多元的判断が必要である．

図5-7は老年期の感情混乱の形成過程である．老年期は脳・体・素質・性格・環境など，複合的な要因が関連して感情の混乱が起きている．とくに，脳の老化が感情の混乱の大きな原因になっている．

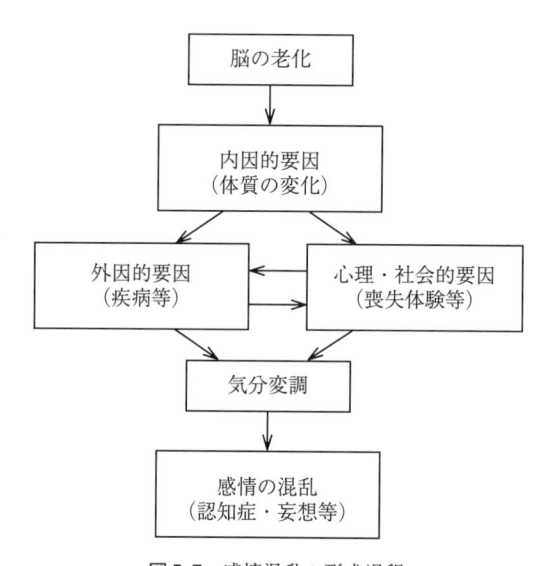

図5-7　感情混乱の形成過程

脳の老化は，内因的要因である素質に影響を与える一方，身体機能(外因的要因)や精神機能(心理的要因)の衰えと関係している．たとえば，ある日突然，高齢者が転倒し寝込むと精神に異変が起き，気分の変調を招き，最後には感情の混乱を呈することになる．

　一般に老年期の感情の混乱は，内因的要因よりも外因性（体の疾患）や心因性（喪失体験）の影響が大きいと言える．老年期は脳の老化が心身機能に変調をもたらし，素質や性格上の要因があると，さらに感情の混乱が起きやすく，ストレスや喪失体験などの心理的要因が加わると気分に変調をきたし，感情の混乱が起きやすくなる．これが老年期の特徴である．

2. 感情の脆弱性

　人間は日々の生活において不安や不愉快な出来事が多い．われわれはこの不快な感情を解消し，心のバランスや心の安定を図ることに努めている．老年期の脳の老化は精神的機能の低下を招き，ストレスがたまると心のバランスを崩し，胃のもたれなど体の不調や心気症的訴えが多くなる．

　老年期は死と老化の進行は避けられない問題である．これは生物学的事実であり，誰もが認識している．高齢者の目前には，死が直面しており「死は恐怖」であり，体に変調がおきると，いつも死の不安で心が揺れ動くのである．高齢者は，その時の気分や体調で「そろそろ」「まだまだ」という感情が交叉し，心の揺れが拡大したり，縮小したりする．これが老年期の特徴である．

　老年期は心身が健康であれば，感情は壮年期と大きく変わるものではない．人間は誰でも不安や興奮時には，感情を取り乱すことがある．普段は感情を抑えていても，些細なことで怒りが爆発し，感情を取り乱すこともある．これは感情の混乱とは言わない．

　老年期は脳の老化で感情がもろくなり，涙もろくなるものである．たとえば，知人に「お元気」と，声をかけられただけで高齢者は感激して泣く等の感情失禁（自分の感情がおさえられなくなる状態）が見られることがある．

　老年期は表情が全般に乏しく，生気もなく心が丸く感情が平板化してくる．これらは感情の脆弱化によるものである．

3. 感情の混乱と被害感

「健全な精神は健全な身体に宿る」の諺があるが，脳は精神機能をつかさどり，脳は健康な体によって支えられているのである．人間の体は心と一体化（体が不調の場合は，気分が悪い）しており，密接な関係にある．

老年期の脳の老化は，感情のもろさや不安要因を招き，抑うつ傾向や心気傾向等の精神症状を呈する高齢者が多くなる．感情の混乱や被害感などの精神症状は，脳の器質障害や脳の機能障害よることが多い．代表的な脳の器質障害として認知症・せん妄等がある．また，機能障害には妄想や幻覚，それに躁うつ病などがある．

脳の障害は知能や感情，それに意識等に問題がおき，「認知症・記憶・見当識・不安・混乱」等の異常をきたし，心に混乱状態を呈してくる高齢者が多くなる．脳の老化は，知的能力や日常生活能力（食事・入浴・着脱衣・移動）の低下，それに行動異常（徘徊，暴力，不潔行為）や精神症状（不眠，妄想，せん妄，情動興奮，幻覚）など，あらゆる面に異常が出てくることがある．

高齢者の感情混乱は脳の障害である．脳の異常によって起こる感情の混乱は，認知症・せん妄・妄想などがある．

（1）認知症

認知症とは，発達期（18歳未満）の後，なんらかの疾病等で知能が低下したものである．認知症に共通してみられる症状を「中核症状」といい，中核症状には「記憶障害・知能障害・見当職障害」等がある．この中でも顕著な症状が記憶障害である．

認知症は知能障害のみでなく，感情や意識面において混乱が見られる．知能面では物忘れなど記憶力の低下が顕著である．感情面では抑うつ・不安・多弁・無気力・無感動・無表情・妄想などの感情表現が多くなる．また，意識面では，幻覚・せん妄が出現しやすくなる．

認知症にはアルツハイマー病，脳血管性認知症，それに仮性認知症などの種類がある．アルツハイマー病は，人格が崩壊し興奮・夜間せん妄・妄想が見られ，上機嫌の状態や感情の平板化が起きてくる．また，脳血管性認知症は人格

の変容が少なく，感情は易変性・情動失禁がみられるのが特徴である．仮性認知症はうつ状態・イライラ感・行動が緩慢で，一日の中でも朝方の状態が悪いのが特徴である．

(2) せん妄

せん妄は，脳障害（アルツハイマー病，脳血管性認知症）や疾病（発熱，脱水症状，不眠が続く）などで起きることが多い．せん妄は，意識障害（意識が朦朧とした状態）が中核症状で，急性に起こり一時的な精神症状である．

せん妄は，意識障害のみでなく，知能や感情面に混乱が起こることがある．意識障害が起きると，自分の名前や年齢，それに自分が今どこにいるのか場所がわからなくなることがある．知能面では意識が障害されるため，判断力や思考力が著しく低下し，感情面では不安や恐怖に怯え，ますます興奮状態を呈し，感情の混乱を起こすことが多い．

また，せん妄は幻覚症状（ないものがあると知覚すること）が出現するため，たとえば「泥棒がきた」と興奮しては，夜中に騒ぎ（夜間せん妄）を起こし，翌日には記憶がなくなっているのが特徴である．

(3) 妄想

妄想は，統合失調症や認知症老人，それにうつ状態等で起きることが多い．妄想は「訂正できない誤った観念（事実でないことを確信すること）」が中核症状であり，異常な心性（心的活動）に伴って起きる一過性の精神症状である．妄想は，たとえば，「この部屋に盗人がきた」と興奮し，事実でないことを諭しても，本人は事実として受け止めているため感情の混乱が起きるのある．

この幻覚妄想状態は，孤独な高齢者や独身女性の高齢者，それに視聴覚に障害のある高齢者やうつ状態の高齢者などに多く，生活上のストレスが原因していることがある．

妄想は，生命や財産が侵害される等の被害妄想が多いのが特徴である．たとえば「息子が邪魔者扱いにする」「金品を盗まれた」「私をのけものにする」など，本人は被害者として被害意識や被害感が強いため，家族や身近な人を攻撃することが多くなる．

引用・参考文献

1) 宮城音弥『心理学入門』(岩波新書) 岩波書店, 2001, p.41
2) 硯川真司『学びやすい老人・障害者の心理』金芳堂, 1999, p.10, p.15
3) 大下 敦『老年期の心身医学』新興医学出版社, 2001, p.17, p.59, p.67
4) 平井俊策・清水 信『神経・精神疾患』図説臨床老年医学講座第4巻, メヂカルビュー社, 1986, p.252
5) 佐藤達夫・坪井陽子監『家庭の医学』保健同人社, 2001, p.1192

第6章　加齢によってパーソナリティは変容するか

第1節　老年期のパーソナリティの発達
1. パーソナリティとは

　われわれはそれぞれ個性を持ち，行動や物事に対する感じ方や考え方が一人ひとり異なっている．しかしながら，これらの行動や考え方の違いは環境の違いによって生まれてきたものではない．同じ環境に生まれ，育ち，生活していても，人はそれぞれ個人に特有の行動を示す．生活環境が変わっても，同じ個人であれば，その人らしい行動や考え方をする．その人らしい，つまり，その個人に特徴的な行動や態度，考え方などの傾向を総称してパーソナリティ（人格）と呼んでいる．

　パーソナリティ（personality）という言葉は，日本語で"人格"と訳される場合もあるが，日本語の人格という意味には"人格者"という表現のように，何らかの評価的な意味合いを含んでいる．心理学でいう人格は，倫理的・道徳的意味合いでの善し悪しの価値評価は含まれない．本書では，人格と訳さないで，パーソナリティという表現を使う．

　パーソナリティは語源的にはラテン語のペルソナ（persona）から由来した言葉で，ペルソナは当時の芝居の中で使われた仮面のことを言い，そこから派生して，"見かけ"，"劇の中の役割"を意味するようになった．芝居の中で役者がある仮面をかぶって出てくると，観客はその役者がこれからどんな役をするのか，おおよそ見当がついてくる．つまり，「パーソナリティ」とは，この「仮面」と同じように，周りの人から一定の役割を演じるようにという期待の下に形成された一種の装いともいうべきものである．したがって，ペルソナという仮面の下には，素顔ともいうべき態度や行動傾向が潜んでいるということになる．

　パーソナリティに関する定義は数多く存在し，多くの学者がそれぞれの理論的立場から定義づけをしており，必ずしも統一された見解はない．代表的な定義として，オールポート（Allport, G.W., 1961）は，「パーソナリティとは，個人の内にあって，その個人に特徴的な行動や思考を決定する精神身体的体系

の力動的な体制である」と定義している．

パーソナリティと似たような言葉で，「気質」，「性格」という用語がある．ともにパーソナリティの情緒的・意志的側面の特徴を示す言葉であるが，気質と言う場合は，一般に生まれつき，素質として規定されていて，身体に基礎のある，個人に恒常的で特徴的な傾向を言う．つまり，生体内部の生理的過程との関連が深い情動反応をいうときに用いられる．たとえば，「落ち着きがない」，「明るい」，「怒りっぽい」など，刺激に対する反応の速さや強弱などの特徴を気質という．性格といった場合は，気質よりも行動上の特徴という意味合いが強く，気質の上位概念と考えられる．パーソナリティはさらにこれらの上位概念として位置づけられ，情動的・意志的側面のみならず，知的側面も含めたより広い意味での「その人らしさ」を示す概念と考えられている．図式的にいえば，パーソナリティは基底部に気質があり，その上に性格，さらにその上に各種能力および社会的態度といったものがあり，各層は静的なものでなく，力動的に相互に関連しあっているのである．

パーソナリティは，素質や気質などの持って生まれた遺伝的要因とその人の

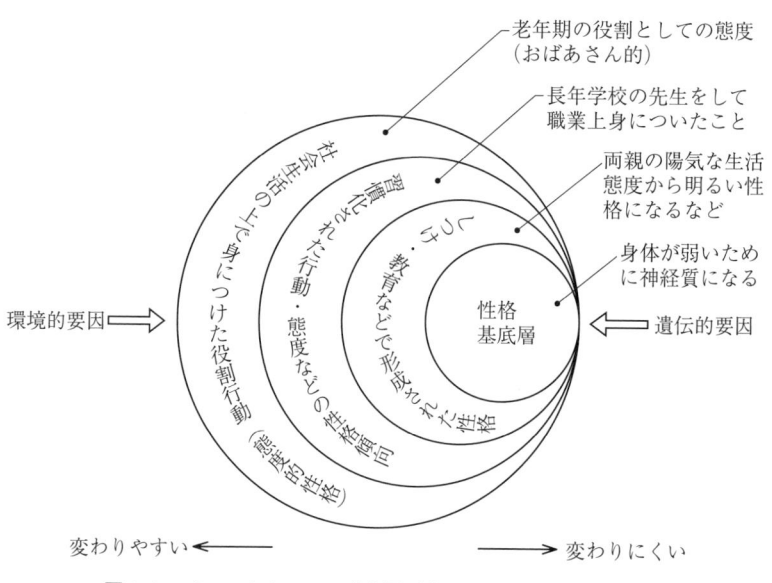

図6-1 パーソナリティの形成層（藤田・村井・小山，2001）

育ってきた環境的要因との相互作用によって形成され，パーソナリティの特性によって遺伝と環境の関与する割合が異なる．図6-1のように，感情，衝動，気分のような情動的な部分は遺伝の割合が大きく，知的な面は環境の影響が大きいといわれている．そして，パーソナリティの根底にある情動的な部分は人生の早い時期に形成され，人生の後半になっても変化しにくい．しかし，表層にある部分は環境の影響を受け，変化しやすい．つまり，パーソナリティは加齢に伴って，変化する部分と変化しない部分があると考えられている．

2. 老年期におけるパーソナリティの発達

人間の生涯（ライフサイクル）は乳幼児期，児童期，青年期，成人期，壮年期そして老年期に分けられる．それぞれ個人差はあるけれども，一般にそれぞれの発達段階において，ある一定の特徴が見られる．エリクソン（Erikson, E.H., 1959）は出生から死に至るまでの一生涯を通して，パーソナリティを段階的に発達し続けるものと考え，出生から死に至るまでの過程を8つの発達段階に分類した（表6-1）．エリクソンは人生のそれぞれの時期にはそれぞれ固有の発達課題があり，ある1つの段階から次の段階に進むときに発達課題の達成にとって重要な危機を仮定し，この危機が解決できるかどうかが，次の段階のパーソナリティ成長と適応に大きな影響を与えると考えた．

老年期は65歳前後から始まる．エリクソンによれば，老年期は最後の第8段階にあたり，この時期における心理的危機は自我の統合性と絶望であるとした．老年期に至った人は，自分の人生を振り返り，自分が果たして価値ある存

表6-1 エリクソンの発達段階

発達段階	心理社会的危機			活力（徳）
乳児期	基本的信頼	対	基本的不信感	希望
幼児期前期	自律性	対	恥と疑惑	意志
幼児期後期	自発性	対	罪悪感	決意
児童期	勤勉性	対	劣等感	才能
青年期	同一性	対	役割混乱	忠誠
成人前期	親密性	対	孤立	愛
成人後期	生殖性	対	停滞	世話
老年期	統合性	対	絶望	英知

（井上編，1998, p.71 をもとに著者が改変）

在であったのかを考える．そして，自分の人生が本来の自分にとってあるべき人生ではなかったかと気づいたとしても，もう一度人生をやり直すには残された時間があまりにも少ない，という感情に襲われることがあるという．これが老年期の心理的危機である．

一方，ペック（Peck, R.C., 1975）は老年期によりよく適応するためには3つの心理的課題があると述べ，老年期における心理的課題と危機を次のようにまとめている．

①自己の分化か仕事役割への没頭か（引退の危機）

この時期における課題は定年退職や子どもの独立と関連している．男性では60歳前後に定年退職しなければならないという現実に直面する．職場での仕事が唯一の役割としてきた人は定年退職による引退の衝撃によって，老年期の生活が絶望の危機にさらされることになる．定年退職は，多くの人にとって収入の減少による生活レベルの低下と職場生活で築いてきた社会的地位の喪失を意味する．このような定年退職に伴う環境の変化に対して自己を分化させ，新たに，自分の役割の多様性や対人関係，趣味に満足感を見いだすことができれば，自分の人生の別の面を実り豊かに発展させることができる．

②身体を超越するか身体へ没頭するか（身体的健康の危機）

身体の若さや健康は加齢に伴い，次第に失われていく．身体が健康であることが第一と考えている人は，身体の老化や病気になることを悲劇としてとらえる．この時期はこのような身体の変化にとらわれることなく，対人交流や趣味などを積極的に取り組むことによって，老後を快適に暮らすことができる．

③自我の超越か自我への没頭か（死の危機）

老年期最後の危機は「死」の予期である．若い人の場合，死は突然やってくるが，年老いてくると，「死の接近」はより身近に感じられるようになる．自我を超越しなければ，死への不安にさいなまれ，不適応状態に陥ってしまう．しかし，死に接して子どもや家族，そして子孫や文化のために尽くし，自分を役立たせようと努力することによって，自我を超越することができる．

3. 高齢者のパーソナリティ特性

パーソナリティを理解するために,類型論と特性論という考え方が使われる.類型論は人間をいくつかのタイプに分け,そのタイプの典型的な特徴を知ることによってその人を理解しようとする方法である.一方,特性論は性格をいくつかの特性に分け,その特性をどの程度持っているかによって,その人を理解しようとする方法である.

高齢者のパーソナリティ類型は,老年期の適応との関係が重視され,よき老後(サクセスフル・エイジング)を達成するには,どのようなパーソナリティ特徴が関与してくるのであろうか.最も代表的な高齢者のパーソナリティ類型として,ライチャードら(Reichard,, S. et al., 1962)の研究成果が挙げられる.ライチャードは定年退職後のパーソナリティ特性が次の5つに分類することができると考えた.

①円熟型

自分の人生は実り多いものであったと感じており,現実を受容し,現在の生活や人間関係に満足しているタイプ.定年後,積極的に社会的活動に参加し,趣味などの多くのことに関心を持ち,未来志向的である.将来の生活にも苦悩なく,老齢という事実を受け入れている.

②安楽椅子型

他人に依存して老後を安楽に暮らそうとするタイプ.見かけは自己を受容しているようにみえるが,実は物質的にも精神的にも他者の援助を期待し,責任と負担を感ずるがゆえに,仕事をすることを好まない.野心もなく,現状に満足している.

③装甲型

自己防衛が強く,若者に負けないように精力的に活動することによって老齢化への不安を抑制し,肩肘を張ったような生き方をするタイプ.高齢になっても社会的活動を続け,仕事への責任感が強く,必死になってやり遂げようとする.他人の援助や世話を受けるのを嫌い,高齢者であることに伴う利点を認めず,若者に対してそねみの感情を抱く.

④憤慨型

自己の老いを受容できず,これまでの人生における失敗の原因を他人のせ

表6-2 老年期における適応パターン(数字は人数)

パーソナリティ タ イ プ	役割— 活動性	人生満足度 高　中　低		
統　合　型	高 中 低	9　　A　2 5　　B 3　　C		
防　衛　型	高 中 低	5 6　　　D　1 2　　　　1　　E　1		
受身—依存型	高 中 低	1 1　　　4　　F 2　　　3　　2　G		
不　統　合　型	高 中 低	2　　1 1 　　　2　　5　H		

A　再統合型　　B　集中型　　C　離脱型
D　固執型　　　E　緊縮型　　F　依存型
G　鈍麻型　　　H　不統合型

(Neugarten, B. L. *et al.* 1968)

いにし，他人を非難するタイプ．偏見が強く，常に不安を示し，悲観的である．年を取ることに対して強い反感を持ち，趣味もなく，自己閉鎖的である．

⑤自責型

自分の人生の失敗や不幸を自分のせいにし，自分を責め立て，自分は不運であったと嘆くタイプ．何事に対しても悲観的で，他者に対し関心を示さず，自己の殻に閉じこもる傾向がある．時には自らを自殺に追い込むこともある．ライチャードによれば，上記の5つの類型のうち，①～③は，適応型，そして④，⑤は不適応型といわれている．

一方，ニューガーテンら (Neugarten, B.L. *et al.*, 1968) はパーソナリティ特性，役割・活動性および人生満足度の3変数の組み合わせから，次の8つの適応パターンを分類した．それは，A再統合型，B集中型，C離脱型，D固執型，E緊縮型，F依存型，G鈍麻型，そしてH不統合型である．ライチャードらの類型と対応させてみると，AとBが円熟型，CとFが安楽椅子型，Dが装甲型，EとGが憤慨型あるいは自責型に対応し，Hはライチャードの分類で

は見られなかったタイプである．

第2節　老年期におけるパーソナリティの変容
1. 加齢とパーソナリティ

人生の最後の発達段階である老年期に至るまで，人間はさまざまな体験を通して，常に発達し続けている．長年による環境の変化やさまざまな体験を通して，人のパーソナリティはどう変化していくのか，あるいは変化せず一貫しているのだろうか．

序章で述べられているように，高齢期のパーソナリティ変容を調べる研究方法については「横断法」と「縦断法」がある．横断法はいろいろな年代の人を対象とするため，世代間の違いがそのまま結果になって現れる可能性があり，縦断法は同一人物を長期にわたって追跡するため，長い年月がかかってしまい，場合によっては音信不通になったり，病気や死亡などの理由からデータが得られなくなったりする可能性がある．

以上のことから，加齢とパーソナリティ変化との関係を調べることは非常に難しく，明確な結論には至っていないが，最近の研究によると，パーソナリティには加齢によって変化する部分と変化しない部分があることが次第に分かってきた．

パーソナリティの変化する部分は，老年期における社会的役割の変化や身体的老化の影響を受けやすいパーソナリティのより表層的な部分である．たとえば，高齢者が若者文化に反発して，より保守的になるとか，自己の関心が外から内なる方向へ変化する，つまり，自己の健康に過度に関心を持つことにより，抑うつ的になるといったことである．それに対して，パーソナリティの安定した部分は，人生の比較的早い時期に形成され強化されてきた感情，衝動，気分などの情動的な部分で，パーソナリティのより基本的で核となる部分である．

2. 高齢者のパーソナリティを変容させる要因
（1）身体的老化

加齢に伴い，心身の機能が低下し，体力的に無理がきかなくなったり，疲れやすくなったり，健康面での不安が生ずる．このような身体的な老化は，身体

に対する自信を喪失したり，閉じこもりがちになったり，外への興味が次第に薄れていく．そして，慢性的な病気を抱えたり，健康状態が悪かったりすると，身体の老化に対する反応が過度になり，抑うつ的になったりすることがある．

さらに，感覚機能の衰えによって，目が見えにくくなる，耳が遠くなるなど感覚による入力情報が少なくなり，分からない部分は想像で補うことが多くなる．そのため，正確な判断ができず，他人を疑ったり，勝手な思い込みをしたりするようになる．その結果，嫉妬やひがみなどの猜疑心が強くなる人もいる．

(2) 老いの自覚（老性自覚）

自らの老いを意識することを「老性自覚」という．老いを自覚するきっかけは，視力や聴力が低下したり，歯が抜け落ちたり，しわや白髪が増えたり，禿げたり，歩行が不自由になったり，性機能が衰えたり，疲れやすくなったりといった身体的兆候や，物忘れがひどくなったり，根気がなくなったり，他人から年寄り扱いをされたり，定年退職を迎えたり，配偶者や友人と死別したりといった精神・社会的経験である．

老いの自覚はだいたい 50 歳前後から始まり，自らの老いを受け入れるようになるのが 70 歳から 75 歳の間（老性自覚極限年齢）といわれているが，老いを強く意識するようになると，人は日常生活に対して積極性を失うようになるばかりでなく，日々の生活に十分な満足を味わうことも少なく，未来に対して夢や希望を抱かなくなり，ただ生きることに対してだけ強く執着するようになると言われている．

(3) 社会的離脱

老いるということは一般に，社会から離脱していくことを意味し，その人が所属する社会において，他者との人間関係が希薄になっていくことを意味している．ある意味では，高齢者が社会から引退していくことは必然的なものかもしれない．定年退職により，経済力の低下はもとより，仕事をしないという空虚感，さらには家庭における役割の変化は，その人のパーソナリティに大きな影響を与えることになる．高齢者は，加齢とともに外的活動志向から内的志向へと変わらざるをえず，自己の内的な世界に関心を示し，内向的になっていく．

(4) 死の接近

老年期に入れば，死はより身近なものとなり，人はだれでも死を意識せざるを得ない．死は人間にとって根源的な不安である．死が接近しているという自覚が高まるにつれ，その不安は増大する．死に対する不安とパーソナリティ特性との関係を調べたある研究によれば，死の不安は抑うつ感情と深く関係し，健康に関して訴えの多い人は，老化の過程とその終着である死への不安が高いという．このように，心気的になることは死の接近と関係があると考えられ，時に見られる高齢者の心気症は，死への不安に対する防衛機制の一つと考えられている．

第3節 パーソナリティの変容による適応障害

1. 老年期のライフイベントと心理的危機

高齢者のパーソナリティの特徴として，米国の精神医学者カヴァン(Cavan, R.S., 1948)が加齢による行動や情緒の変化を次のように挙げている．①健康上及び経済上の不安感，②生活への不適応感から由来する不安と焦燥，③精神的興味の狭さからくる内閉性，④身体的快楽に対する興味の増大，⑤活動性の減少，⑥性衝動の減退，⑦新しい状況の学習・適応の困難，⑧一人ぼっちの寂しさ，⑨猜疑心・嫉妬心，⑩保守的，⑪過去に生きようとする，⑫頑固，⑬こざっぱりしない，⑭くず集め，⑮多弁・愚痴っぽい．

これらの諸特徴は，精神病院の入院患者の観察から出てきた高齢者のパーソナリティ特徴なので，これらの特徴がそのまま高齢者一般のパーソナリティ特徴とするには多少無理があるかもしれないが，老化に伴って，このような傾向が当たらずといえども遠からず出現することも考えられる．では，なぜ老年期になるとこのような特徴が出現するのだろうか．

老年期には，その人にとって生活への適応障害となるようなさまざまな出来事が起こる．これらの人生上の出来事をライフイベントと呼んでいる．老年期に起こりうるライフイベントは，定年退職，子どもの独立，配偶者との死別，孫の誕生，一人暮らし，施設への入所，子どもとの同居などである．これらのライフイベントを体験すると，人は多少とも不安，悲嘆，孤独などの否定的感情を抱いたり，あるいは喜び，幸福，満足感などの肯定的感情を抱いたりする．

ライフイベントが本人にとって辛い体験であれば，否定的感情が生起し，不適応の状態に陥ることもある．

2. 老年期における不適応

老年期は他の時期に比べ，さまざまな喪失体験が起こりやすい時期といわれ，これらの喪失体験が高齢者の不適応状態を引き起こすと考えられている．

下仲順子（1997）は，高齢者の取り巻く環境（人間関係，社会経済面，身体機能面）の変化と不適応状態との関係を以下のように手際よくまとめている．

①家族・人間関係の変化

長年連れ添った伴侶の死は，後に残された者に精神的な苦痛を与え，健康状態に悪影響を及ぼし，場合によっては不適応状態に陥ることもある．

老年期では配偶者の喪失を体験するのは男性より女性のほうが多く，現在の老年期の女性は夫に依存した家庭中心の生活をしてきた者が多い．このような女性が配偶者に先立たれ，一人暮らしか，あるいは子どもと同居という生活環境の変化を余儀なくされた場合，依存的欲求が阻止されたり，老後の不安や孤独感がつのったりしやすい．

②社会経済的側面の変化

老年期では，多くの男性が定年退職を余儀なくされる．定年退職は社会的地位や経済力の低下による生活そのものの変化を伴うことがある．そして，定年退職をした本人自身も，心身ともに元気であった頃の壮年期の自分を捨て，老年期の自分自身を受け入れなければならない．とくに家庭における役割の変化が生じた場合，つまり，親と子の立場が逆転し，子に養われ，依存する立場になったとき，個人内において，葛藤が生ずることがある．定年後，人柄が変わったり，急に老け込んでしまう例もみられ，これがひどくなるとうつ状態や心気的状態に移行することもある．

③身体機能の老化

老年期に入ると，加齢に伴い，心身の機能が衰え，体力的にも弱まり，病気にかかりやすくなる．現在，70歳以上の高齢者の半数が何らかの病を抱えているといわれている．高齢者にとって，病気から来る不快感や苦痛に耐えることは並大抵のことではない．家族に介護されていても，家族に迷惑をか

けているのではないかという心理的負担が重くのしかかる．病気が長期化すると，入院せざるを得なくなり，家族や友人との接触が極端に少なくなり，高齢者を孤独へと導くことになる．また，入院生活という新しい環境に適応しなければならず，高齢者の中には簡単に不適応に陥る人もいる．

わが国の自殺の年齢比較では，60歳以上の男女が最も多く，自殺動機の第一位は病苦といわれている．その背景にうつ病の存在が考えられている．

老年期のうつ病の発病の要因は，①職業上の問題，②家庭に関する状況，③身体的問題と言われているが，基本的には自己の身体内の老化が発端となりやすいと考えられている．

引用文献

1) 青木信雄編『老人の健康と心理』中央法規出版，1989，pp.204-208
2) Allport,, G.W.（今田恵監訳）『人格心理学　上・下』誠信書房，1961
3) Erikson, E.H., *Identity and the Life Cycle*, 1959　（小此木啓吾訳『自我同一性』誠信書房，1973）
4) 藤田綾子・村井潤一・小山正編『老人・障害者の心理』ミネルヴァ書房，2001, pp.39-53
5) 井上勝也編『老人の心理と援助』メヂカルフレンド社，1998，pp.58-83
6) 井上勝也，長嶋紀一編『老年心理学』朝倉書店，1980，pp.132-148
7) 久世妙子他『発達心理学入門』有斐閣，1978，pp.128-155
8) Neugarten, B.L. *et al.* "Personality and pattern of aging" In Neugarten, B.L. (*Ed.*), *Middle age and aging*, University of Chicago Press, 1968
9) Peck, R.C. "Psychological developments in the second half of life" In Neugarten, B.L. (*Ed.*) *Middle age and aging*, University of Chicago Press, 1975
10) Reichard, S. *et al.*, *Aging and Personality*, John Wiley & Sons, 1962
11) 下仲順子「高齢者のこころと適応」こころの科学，1997，71，pp.33-37

参考文献

1) 荒井保男・星薫編『老年心理学』放送大学教育振興会，1994
2) 井上勝也編『老人の心理と援助』メヂカルフレンド社，1998
3) 藤田綾子・村井潤一・小山正編『老人・障害者の心理』ミネルヴァ書房，2001

4) 佐藤泰正,徳田克己編『高齢者・障害者の心理』学芸図書,2002
5) 下仲順子編『老年心理学』培風館,1997

第7章　老年期のより良い人間関係とは

第1節　対人関係
1. 集団の特徴と規範・帰属意識

　人間は発達の初期段階から，人間関係の中で育ち，その後継続してさまざまな人と出会い，成長していく．その過程の中で，家族，学校，職場，地域の人々との出会いなど，さまざまな集団に所属することになる．

　集団とはフォーマルグループとインフォーマルグループに大別される．前者は会社，学校，役所など，目的達成のためにあらかじめ集団の規則が定められ，所属する人間の役割も区別が徹底されている．一方，後者は家族，友人，地域の人々との関係など，自然発生的に生じ，集団内での人間関係により生じる感情や自由意志により集団が形成される．インフォーマルグループは非常に流動的であり，フォーマルグループの中に形成されることもある．対人関係を理解するといった場合，個人の役割があまり自由でないフォーマルグループよりは，個人間の心理的結びつきが重視され，個人の感情の浮き沈みが集団の形成に直結するインフォーマルグループの中の人間関係を理解することが基本となる．

　自由意志により成立した集団には，集団の構成員によってある程度予想された独自の望ましい行動様式がある．たとえば，年上の集団の中に新入りとして年下の者が所属する行為を考えてみたい．新入りの年下は，この集団に関する情報として，年上の者に年下の者が会った場合は，いかなる場合も挨拶をするという行動様式が存在することをあらかじめ周りから聞き，知っていた．実際に集団に加わると，集団の構成員の間では，予測通り挨拶が行われていた．その結果，新入りは「この集団には上下関係が厳しく，後輩は引きながら先輩を立てることを良しとする暗黙のルールがある．この集団の中で自分の立場を確立しようと思うならば，素直にルールに従うことが必要だ」ということを確認する．このように，集団の中には行動様式の規定要因となる暗黙のルールが存在する．

　もしある者の行為があまりに集団の行動様式とかけはなれていた場合，集団の中で摩擦や対立が生じ，集団の存在は危うくなる．その場合は，ある者が集

団に順応し自分の行動を修正するか，集団から排除されるかどちらかである．集団を維持していくためのルールのことを集団の規範や帰属意識と言う．集団の規範や帰属意識は，自分の所属する集団により異なり，時代とともに変化する．高齢者について理解する場合は，これまでの歴史的背景の中で，社会規範や集団の規範がどのように変化してきたかを考えていく必要がある．

2. 高齢者の対人場面における違和感

われわれは老若男女を問わず，好感を持つ相手とはなるべく多くの時間をともにしたいと思い，嫌悪感を懐いている相手とは，できるかぎり接触を避けたいと思っている．相手に対して好感を持っている相手とは，インフォーマルグループとしての集団を形成しやすいが，嫌悪感を懐いている相手とは，フォーマルグループ以外での集団を形成することはほとんどない．集団内の規範や帰属意識が同質の場合に，人間関係に支障はないが，異質の場合は対人場面で違和感を生じさせる．違和感とは自分を内省した場合に，自身の心の状態が普通でないことに気付くことである．これは精神的な充実感という視点から考えると，当然のことながら望ましいものではない．

現在75歳前後の高齢者の場合，幼少の頃に戦争を経験し，「ほしがりません，勝つまでは」といったスローガンの中で「ぜいたくは敵だ」という精神が望ましいという教えを受けてきた．敗戦後の高度経済成長を青年期で迎え，以後長年，会社組織など集団の目的がはっきりしていたフォーマルグループに所属してきた．その中では「個を押し殺し集団のためにつくす」ということが当然のことのように思われていた．さらに，自分の定年と前後し，バブル経済と急激な個人主義の到来を経験し，多様な価値観が社会を占めるようになった．これにより，これまで押し殺してきた快楽や楽しみを解放させ，自分にとって精神的に満足できる生活を送ることに戸惑いを感じながらも，個人の気持ちを重視するインフォーマルグループでの新しい生活に慣れてきた．

個人間の心理的結びつきが重視されるインフォーマルグループでの高齢者の人間関係では，自分の人生における時間の経過とともに，長年連れ添った配偶者や気心の知れた同胞との死別，社会参加の減少などをどうしても経験してしまうことになり，幸福を感じることのできる人間関係を維持していくことが困

難になる．その結果，これまで自分が経験してきた規範や帰属意識と異なる，違和感を生じさせるような集団に属してしまう場面が多くなる．さらに，これまでの生活リズムを強制的に変えられてしまうような施設への入居や，身体的な自由がきかなくなるといった問題なども生じ，高齢者の本意でない経験をし，自尊心を傷つけられ，絶望すら感じる状況におかれてしまうこともある．

3. 高齢者の人間関係と心の健康障害

人間関係において，長期にわたり絶えず違和感を感じていると，ストレスが生じ，心の健康障害を引き起こす．現代社会では誰もが人間関係に悩みを抱えやすく，ストレスの中で生活している．そのため，心の健康障害の中で，軽い程度の神経症は，誰もが発症する可能性がある．しかし，多くの人間は，自由気ままな飲食やさまざまな余暇などを通じて，社会生活の中でタイミングよくストレスを発散することができ，この危機を回避している．

一方，高齢者では，時間の経過とともに人間関係において相手との規範や帰属意識の違いによる違和感を感じる場面が多くなり，ストレスが生じやすくなる．さらに，高齢者をとりまく環境が整備されていなければ，ストレスを解消するために必要な飲食や余暇を楽しむ環境なども減少する．さらに，時間的に考えれば，自分に残された時間はあまり長くないという意識があるため，喪失感や心のわだかまりを解消したいと思っていても，解消できずにあきらめてしまうようである．

心の健康障害の程度が重くなると，認知症を発症する可能性もある．認知症の原因となる疾患は，脳血管性認知症とアルツハイマー病が代表的で，これらが全体の9割程度を占めると言われている．脳血管性認知症のほとんどは，脳卒中の後遺症として人間らしさをつかさどる前頭葉と記憶をつかさどる側頭葉にダメージを受けてしまうことが原因となる．しかし，アルツハイマー病の場合，脳の物質的な萎縮が起こることは明らかにされているものの，これだけが認知症の原因ではないことが多い．たとえば，廃用性衰退という考え方では，使えば使える脳機能を使わないでいるから，脳が退化して認知症を発症するので，できる限り脳に刺激を与える活動をすることが認知症の予防につながると言われている．しかし，これを直接的に示した実験データはほとんどないので，

実際のところ，正確な原因はわからない．

アルツハイマー病の原因はわからないが，これまでの多くの臨床経験により報告され，明らかにされていることは，ストレスが認知症の状態を悪化させるという事実である．すなわち認知症の原因として，脳の物質的側面だけではなく，個人の持つ心理・社会的欲求など，いわゆる内因性の問題との関連性について，複合的に考える必要がある．

高齢者が経験する配偶者や同胞との死別，仕事の引退，重い病気にかかることなど，さまざまな強いストレス状態は，心の健康上注意しなければならない．また人間誰でも言えることだが，同じ経験をしても，その事柄の受け取り方には個人差がある．たとえば，高齢者に関わる者が軽い気持ちで発した言葉が，いかに高齢者を傷つけているかということがある．また，相手に共感しようと思い発した言葉が，懐疑的な高齢者にとっては，この言葉に思いが込められていなく，表面的で自分を馬鹿にしていると感じていることもある．高齢者にとって，自分の家族，周りの若者，地域の人々との関わりにおいて，精神的な充実感に結びつくような望ましい人間関係が構築されていることが，精神衛生上好ましい状態でいられると言える．

第2節　家族関係

1. 家族意識の変遷と扶養意識の希薄化

戦前に顕著であったイエ制度では，家族内の役割もはっきりと区別されていた．母親には家庭で家事や子育てをし，家庭を守ることが求められていた．家長である父親は家族で行われるイベントの決定権を握り，家族が生きていくための大黒柱であり，絶対的な存在であった．子はまず親を敬い，自分の進む道は親が決め，ありがたく決められた道へと進んだ．家族を継承させていくための配偶者の選択も，双方の家格のつりあいを重視することを中心として親に決定権があり，それがあたりまえであった．祖父母は，家族すべての人間に尊敬される存在で，手厚く保護され，怪我や病気の時には，すぐに家族が対応するという状況であった．そのような家族では，国のかかげる社会規範が重視され，これにより安定した生活を送ることができた．

しかし，戦後の経済復興の中で，家族のあり方は急変した．これまで多くを

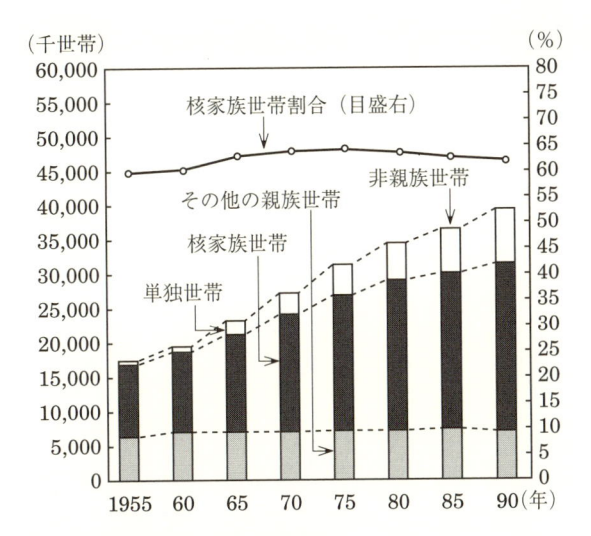

第 2 節　家族関係　99

図7-1　核家族率と世帯類型別世帯数

資料：総務庁統計局「国勢調査」
出所：経済企画庁「国民生活白書（平成6年版）」第Ⅵ-3-15図より作成

（落合恵美子『21世紀家族へ』有斐閣，1994，p.81）

　占めた農畜産業を家業とする家族から，企業の雇用家族へと変わる家族の数が急増するにつれ，農村部から都市部へと人口の移動をもたらした．さらに土地事情，経済事情が関連し，家族の形態は世帯に同居する家族の構成人数を減らし，核家族が増加することになった．これにより，これまで定着していた家族の役割は，伝統的な社会的規範の影響が弱くなり，そのなごりを残しつつも，家族の自由意志を尊重するものに変化をとげ，家族規範の多様な時代へと入り，現在に至っている．

　高齢者は家長として，長きにわたり家族の発展のために力を尽くしてきたにもかかわらず，家族の中で安心して暮らせる保障がなくなり，家族内の役割も居場所も不安定な立場に置かれてしまうようになったと言える．以前は定年後，高齢期を迎えた後は家族の扶養になることが当然であるという社会規範があったが，現在では事情が異なっている．現在の高齢家族との同居は，自分たちの生活のメリットとデメリットを比較したうえで，決められるようである．たと

100　第7章　老年期のより良い人間関係とは

えば，老親が経済的に安定していたり，家族数名で住めるだけの家を持っていたり，身体的に健康であり自立していることなどが，同居の条件とされるようになった．図 7-2 に示すように，平均寿命が延びた今日であるから生じる問題は，これからも増え，社会的問題となるだろう．このように，現在の家族では，家族形態の変化や経済的事情により，同居規範が希薄化し，高齢者の自立さえ

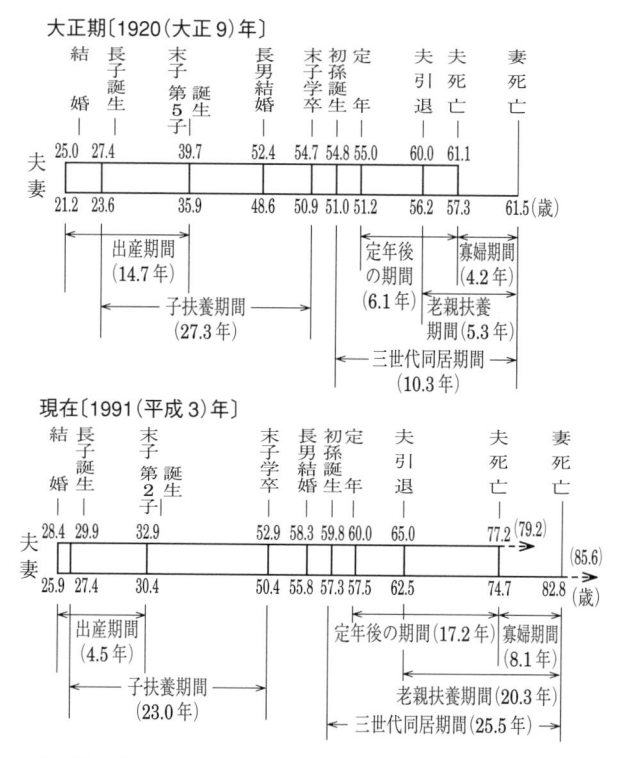

大正期〔1920（大正9）年〕

	結婚	長子誕生	末子第5子誕生	長男結婚	末子学卒	初孫誕生	定年	夫引退	夫死亡	妻死亡
夫	25.0	27.4	39.7	52.4	54.7	54.8	55.0	60.0	61.1	
妻	21.2	23.6	35.9	48.6	50.9	51.0	51.2	56.2	57.3	61.5（歳）

出産期間（14.7年）
子扶養期間（27.3年）
定年後の期間（6.1年）
寡婦期間（4.2年）
老親扶養期間（5.3年）
三世代同居期間（10.3年）

現在〔1991（平成3）年〕

	結婚	長子誕生	末子第2子誕生	末子学卒	長男結婚	初孫誕生	定年	夫引退	夫死亡	妻死亡
夫	28.4	29.9	32.9	52.9	58.3	59.8	60.0	65.0	77.2	(79.2)
妻	25.9	27.4	30.4	50.4	55.8	57.3	57.5	62.5	74.7	82.8 (85.6)（歳）

出産期間（4.5年）
子扶養期間（23.0年）
定年後の期間（17.2年）
寡婦期間（8.1年）
老親扶養期間（20.3年）
三世代同居期間（25.5年）

（注）　1. 大正期は大正9年前後のデータから作成．
　　　2. 出生期間はコーホート・データ．他はすべてクロス・セクション・データ．
　　　3. 夫妻の死亡年齢は，各々平均初婚年齢に結婚時の平均余命を加えて算出してある．そのため，たとえば本モデルの寡婦期間は，実際に夫と死別した妻のそれとは異なることに注意する必要がある．
　　　4. 1991（平成3）年の夫と妻のライフサイクルの点線部分は，2025（平成37）年における夫妻の推計死亡年齢を示す．

資料：総務庁「国勢調査」，厚生省大臣官房統計情報部「人口動態統計」，「生命表」，厚生省人口問題研究所「生産力調査」

図 7-2　家庭周期（ファミリー・ライフサイクル）の変化

（厚生省監「厚生白書　平成4年版」ぎょうせい，1993, p. 393）

要求されるように，高齢者の不安をより一層かきたてるという問題を抱えている．

2. 家族関係における高齢者の喪失感

現在高齢期を迎えつつある方々は，明確に区別された役割を果たす家族の姿を見て育ったものの，自己の成長過程で，社会的規範や価値観の変化だけでなく，家族の役割変化を強いられてきたと言える．ここでは，高齢者自身が経験してきた家族に期待される役割の変化を，家族内のリーダーシップという視点から考えてみたい．

リーダーが集団の行動に変化をもたらしたり，集団を新しい方向へ導く場合，一時的に集団内の人間関係では混乱，緊張が生じる．しかし，あらかじめ普段の活動の中で，リーダーが集団に多くの貢献をしている場合は，集団の危機も解消され，集団にとっての生産性を求めた活動が再開される．

現在の家族形態においても，リーダーシップを家族の中で発揮するためには，同様の貢献が家族にされていなければならない可能性がある．しかし，高齢者は社会的，経済的に，貢献の機会が制限されている．また，扶養の問題でも高齢者自身が自分の子どもに選ばれなければならないという状況があり，家族内での役割が明確でなく不安定でもある．社会の変化とともに家族の役割が変化し，敬われる存在であったはずの高齢者にとって，家族内の役割を喪失し，居場所さえも見いだせないことすらある．このことが高齢者の精神的な混乱をもたらしたり，不安をより一層かきたて，寂しさを感じさせている一つの原因とも言えよう．

このような状況では，高齢者が長年連れ添っている配偶者と二人だけで，周囲に気遣いすることなく生活を送りたいと思っていることもある．この場合は，精神衛生上は，家族との同居を強制するようなことは避けた方が良いが，経済的，情緒的，場合によっては介護支援など，十分に社会的サポートが行われる環境が必要である．

第3節 異性関係

1. 異性関係の誤解・偏見とエイジズム

確実に平均寿命が伸びた今日の社会では，高齢者にとって日々の生活で気持ちのはりを維持し，豊かな心で生活できるような場面が多いことは，精神衛生上望ましいと言える．このような視点から，高齢者の異性関係を取り上げた場合，どのような問題が挙げられるのか．

結論から言えば，「高齢者だから恋愛は無理である」，「高齢者の異性関係には厄介な問題が生じるので，できる限り異性との接触は避けるべきである」などという否定的な考えは，ほとんど妥当性はない．

現在の社会では，日常生活で目につく場所は圧倒的に「若さこそすべて」というような風潮がある．世の中の主役は若者であり，楽しいことは若いうちにしかできないといったような誤解すら，あたりまえのように浸透している．コンビニの雑誌売り場に高齢者の好む書物が置かれていることはなく，また高齢者の恋愛を取り上げた作品は，ほとんどないことがこれらの事実を裏付けており，このような環境が「高齢者は社会の荷物」という否定的印象を社会全体に広げ，残念ながら高齢者差別であるエイジズムを助長している．

図7-3には，高齢者が異性との望ましい性的関係をどのように思っているかを示した．これによると，男性では年齢を重ねても肉体的な接触を求めている

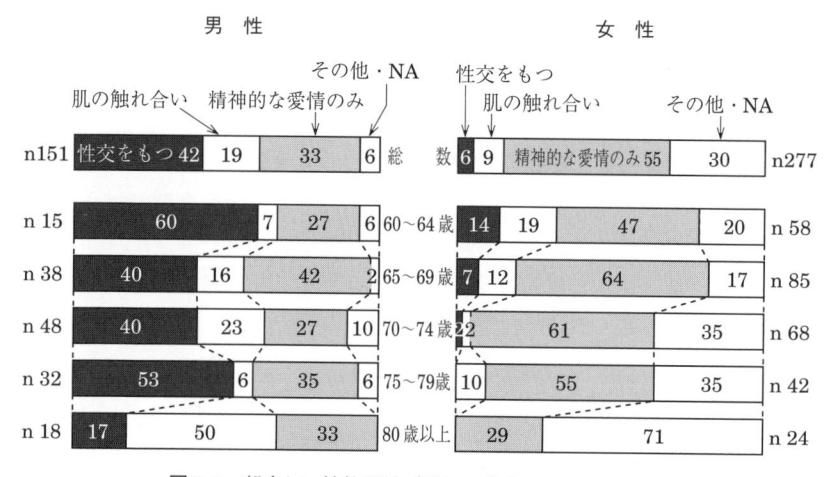

図7-3 望ましい性的関係（井上，荒木，1992，p.115）

ことがわかる．また女性では年齢に総じて精神的な愛情を求めていることがわかる．

人間にとって愛情の形はさまざまである．恋人または夫婦の男女の関係において，お互いの存在を意識するのに，相手が絶えず側に居なければ満足できない者もいれば，遠く離れていても相手を愛しく思う気持ちや信頼する気持ちに揺るぎはないという者もいる．また，相手の愛情を確認するために，言葉や態度で示してほしい者もいれば，肉体的な接触がなければ満足できない者もいるし，話さずとも側に居るだけで安心する者もいる．異性関係と恋愛の成熟は，非常に個人差が大きく，これら全ての愛情の形が，若者のためだけでなく，高齢者の場合にも同様にあてはまると言えよう．

2. 高齢者の異性関係の実際

老若男女問わず性意識は非常に個人差があり，自分の生き方そのものに直結している．ここでは高齢者の異性関係の実際について見ていきたい．

図7-4は，若い頃と比べ高齢者の相手を好きになる気持ちが，どのように変化してきたかを内省したものである．これによると，男性では穏やかになったという意識が年齢に総じて多く，女性では穏やかになったという意識と，ほとんどないという意識の両方が年齢を重ねるごとに多くなり，圧倒的であることがわかる．

次に図7-5には，若い頃と比べ高齢者の性的欲求が，どのように変化してきたかを内省したものを示した．これによると男性では大いに減ったという意識が年齢に総じて多く，女性ではほとんどないという意識と全くないという意識が年齢を重ねるごとに増加し，ほとんどすべてを占めるようになる．

これらのことから，高齢者が異性関係において感じていることは，肉体的な衰えと同時に，性的欲求も強さが低下するが，その性質に精神性が重視されてくることだと言えるだろう．また，異性関係の性差については，肉体的側面と歴史的背景を理解する必要があろう．肉体的側面では女性の受身的な側面が影響をあたえていると思われる．男性は女性の性交痛を理解することが難しく，性に関して人前で話をすることはタブーであったから，このことをお互いに相談するようなことはないので，性的欲求も弱くなることが予想される．また，

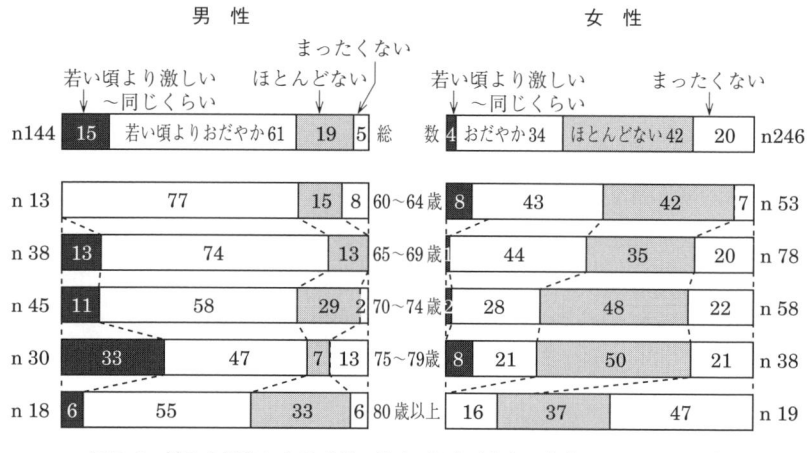

図7-4 異性を好きになる感情の強さ（％）（井上，荒木，1992, p. 113）

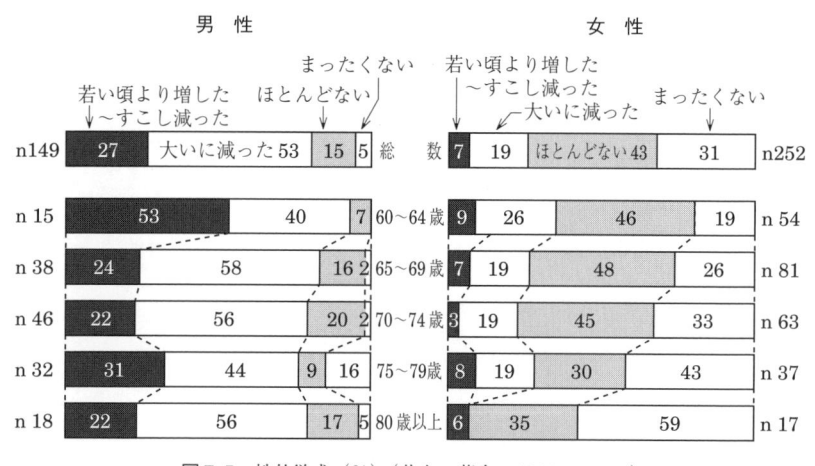

図7-5 性的欲求（％）（井上，荒木，1992, p. 111）

男尊女卑のような歴史的経験も，女性にとっては性的な満足感を得ることが難しい状況を作り出してきたので，比較的早くから性的欲求が弱くなることに影響を与えていると考えられる．

3. 介護・支援場面における性的行動への対処

高齢者の異性関係といっても，若者の異性関係と何ら変わることはない．し

かし，現実問題として高齢者への介護実践やさまざまな支援場面で，性的行為が行われた場合，援助者自身はそれらに対しどのような対応を取るべきであるのか．比較的多いと思われる場面について考えてみたい．

　第一の場面は，介護サービスを受ける高齢者が，援助者の体を触ったり，猥談をするというものである．これらの行為に対し，援助者はなるべく見て見ぬふりをしたり，相手にしないようにするが，高齢者は相手にされていないと，性的行動の程度をどんどんエスカレートさせてしまい，援助者は困惑してしまう．この場合，まず留意したい事は，相手の性的行為をいやらしいものとして完全に拒否してしまうのでは，問題の解決にはならないということである．また，このような言動が見られたとしても，性行為が行われる可能性は実質的にはかなり低いし，本人もそのことは長年の経験で，受け入れているのである．相手の行為が何故生じるかを考え，相手が状況をある程度正確に理解できていると判断すれば,性的欲求を別の形で発散できるような工夫を提案すれば良い．もし，相手が認知症により状況が理解できていない場合でも，性的行為は生命力の表れであり，人とのつながりを欲していると考えれば，相手の尊厳を維持した関わりがとれるだろう．いずれにしろ，一緒に歌を歌ったり，共同作業で絵を描いたり，散歩をしてみるといい．その際に軽いスキンシップをはかり，タイミングよくお茶やお菓子を差し出し，猥談にもある程度は応じるくらいの気持ちが必要である．

　次の場面は，男性高齢者が認知症女性高齢者へ性的行為を行うというものである．女性高齢者は現在の状況がわからないので，男性の言いなりになってしまうのである．この場合は，性的暴力であるから，援助者はまずは女性を守らなければならない．しかし，その際も男性高齢者への関わりとして，尊厳を維持した関わりを取るべきである．

　最後に，認知症高齢者の性的逸脱行動や妄想などが見られた場合を考えたい．この場合は，生命の安全性や危険性の回避が確保されているのであれば，目くじらを立てて否定するのではなく，それが認知症の予防，あるいは進行を抑えるために，問題行動の原因の内因性という観点から重要な鍵をにぎるため，ある程度の容認は必要といえる．

　性の問題は非常に個人差があり，生き方そのものに直結することであるから，

ある程度は当事者の意思を尊重することが必要である．援助者としては，自分の価値観の押し付けにならないように，この問題に関心を持ち，理解を深めることから始めたい．

第4節 地域社会での人間関係

1. 歴史的変遷と地域社会の人間関係の実際

地域の人間関係が希薄になったと言われている．戦後の経済復興により核家族が増え，家族の人間関係に変化をもたらしてきたが，同時に地域社会の人間関係にも影響を与えてきた．「向こう三軒両隣」と言われ，隣の家で何が起きても気にかけてくれていた時代から，地域差こそあるものの，「トラブル防止のため，隣人でさえも，あまり関わりをもたない方が良い」というように，現在にかけ価値観の変容を強いられてきた高齢者の，地域社会での人間関係は，どのようなものであろうか．

マスコミやメディアは，高齢者の寂しさや社会的喪失感を強調して取り上げ

表7-1 ふだん親しくしている友人・仲間の有無 （％）

区分	総数（人）	たくさん持っている	普通	少し持っている	友人・仲間は持っていない
総数	2,435	4.9	38.3	35.1	21.0
都市規模					
大都市	608	5.4	34.5	35.5	23.6
中都市	1,036	4.5	36.7	36.1	22.0
小都市	567	5.3	44.4	33.2	16.8
町村	224	4.5	40.2	33.9	20.5
性別					
男性	1,188	4.5	36.3	33.8	25.0
女性	1,247	5.4	40.2	36.3	17.3

資料：「令和3年度 高齢者の日常生活・地域社会への参加に関する調査結果（全体版）」
（注1）調査対象は，全国60歳以上の男女
（注2）大都市とは東京都23区と政令指定都市，中都市とは人口10万人以上の市（大都市を除く），小都市とは人口10万人未満の市

（内閣府編「高齢社会白書」2022）

第4節　地域社会での人間関係

表7-2　高齢者の各種サークル・団体への参加状況（内閣府編『高齢社会白書』2022）

（％、複数回答）

	総数（人）	現在参加している団体や組織がある	町内会・自治会	健康・スポーツのサークル・団体	趣味のサークル・団体	老人クラブ	退職者の組織（OB会など）	ボランティア団体（社会奉仕）	学習・教養のサークル・団体	宗教団体（講などを含む）	生産・就業組織（シルバー人材センターなどの）	女性団体	商工会・同業者団体	市民活動団体（NPOなど）	その他	参加していないが、参加したいと思う	参加しておらず、参加したいとも思わない
総数	2,435	54.9	21.8	17.3	16.4	10.1	6.2	5.3	4.2	4.1	2.5	2.4	1.9	1.8	2.0	12.8	25.5
性別																	
男性	1,188	56.9	27.2	15.5	12.6	10.9	9.8	5.1	3.8	4.5	3.8	0.1	3.1	2.8	2.1	13.0	25.3
女性	1,247	52.9	16.7	19.1	20.0	9.5	2.7	5.5	4.6	3.6	1.2	4.6	0.8	0.9	1.9	12.5	25.7
年齢階級																	
60～64歳	386	46.9	20.5	15.5	11.9	0.8	2.6	3.1	2.6	4.1	0.5	2.1	3.4	1.0	1.0	20.0	30.0
65～69歳	484	54.8	23.1	15.3	13.8	3.5	6.6	5.6	5.6	6.6	2.7	2.1	2.7	2.8	2.7	18.4	24.0
70～74歳	626	56.9	22.0	20.1	18.2	8.3	7.2	7.3	4.2	2.6	4.2	3.8	1.6	2.7	1.4	12.9	24.8
75～79歳	400	63.0	28.5	20.5	21.0	18.8	7.0	5.8	5.0	4.0	3.3	2.3	1.8	1.8	1.5	9.5	18.8
80歳以上	539	52.1	17.4	14.8	16.5	18.6	6.7	3.7	3.5	3.5	1.3	1.3	0.7	0.6	3.2	5.9	29.3
令和3年	2,435		21.8	17.3	16.4	10.1	6.2	5.3	4.2	4.1	2.5	2.4	1.9	1.8	2.0	12.8	25.5
平成25年	1,999		26.7	18.3	18.4	11.0	5.7	5.4	4.2	3.2	3.1	2.5	1.8	1.6	1.2	22.4	19.7

資料：「令和3年度　高齢者の日常生活・地域社会への参加に関する調査結果（全体版）」

るので，社会全体に高齢者に対する否定的印象が形成される大きな原因と考えられる．確かに寂しさや社会的喪失感は存在するが，高齢者の心の張りを維持していくための地域の環境整備として，経済的支援，介護支援，情緒的支援など社会資源の活用があるということを，具体的に示しているものはわずかであろう．

表 7-1 は，ふだん親しくしている友人・仲間の有無を調査したものである．これによると，ほとんどの高齢者は親しい友人を持っていることがわかる．都市規模別では，都市規模が小さくなるにつれて，親しい友人を持っている割合が高くなっている．また，男女の差はほとんど見られなかった．

次に表 7-2 は，高齢者の各種サークル・団体への参加状況を調査したものである．これによると，調査対象者の 7 割程度は地域社会の中の集団での活動に参加していることがわかる．また，町内会・自治会を始めとし，趣味のサークル，学習教養サークルへの参加など，ほとんどのサークルで参加人数は増加しているのである．

このように，地域の中の人間関係が希薄になったとは言うものの，実際には，多くの高齢者は地域社会の人間関係の中で，さまざまな集団を形成し，心に張りのある生活を送っていると考えられるのである．

2. 社会的資源と個人的資質の関連性

地域のさまざまな場面で高齢者の集団を観察してみると，個人的資源・資質としてお金があり，健康であり，さまざまな教育を受けてきた人ほど，精神衛生上の適応は良いと思われるような場面に遭遇する．

公園に集まり将棋を指し，ゲートボールを楽しみ，詩吟や俳句を詠む人たち，カラオケに興じる人たちの表情は当然生き生きしている．また，ギャンブルの是非に関係なく，パチンコや競馬場に常連として現れる高齢者たちの人間関係では，勝てばお互いに喜び宴会を開き，負ければお互いに励まし合い，勝ち負けに一喜一憂するある意味戦友のような集団を確認することができる．彼らには不思議な魅力を感じるのであるが，このような集団での活動すべてが，彼らの生きがいにつながり，生活の原動力となっている．高齢者の役割喪失ばかりを強調した大勢の意見に流されることなく，悠々自適な彼らの事実に気づくこ

とが，高齢者理解の第一歩となる．

　しかし，表7-1の示すように3割の高齢者が地域社会での何らかの集団活動に参加しないでいるということも事実である．経済的理由，身体・心理的理由で参加したいのに参加できない者もいれば，自分から集団での活動が苦手だから参加しないという者もいる．このように地域社会の中で活動する高齢者の個人的資質・資源だけでは，精神的充実度という視点からは限界がある場合に，高齢者の活用できる社会的資源の重要性が指摘されている．

　高齢者の充実感につながるための社会的資源の活用を具体的に挙げると，年金や生活保護などの日常生活を活性化するための経済的支援，独居している高齢者への相談や談話などの情緒的支援，高齢者の身体機能に不自由が生じた場合の介護支援などがある．これらは自治体による公的サポートと，家族，友人，私的サポートの両方から成り立ち，地域社会での人間関係を望ましいものとするために，不可欠と言える．

引用・参考文献

1) 井上勝也・荒木乳根子編『現代のエスプリ 301 老いと性』至文堂，1992
2) 石川実編『現代家族の社会学 脱制度化時代のファミリースタディーズ』有斐閣，1997
3) 黒川由紀子編『老いの臨床心理』日本評論社，1998
4) 佐藤泰正・徳田克己編『高齢者・障害者の心理』学芸図書，2002
5) 氏原寛・山中康裕編『男の本音・女の本音　老年期のこころ』ミネルヴァ書房，1994

第8章　老年期の積極的な社会活動について

第1節　高齢者の社会活動

1. 高齢者の社会参加とは

高齢者の社会参加とは，広義には職業活動をも含んだ集団活動を指し，狭義には職業以外の集団活動のことを指す．

高齢者の社会活動への参加の機会については，1963年に制定された老人福祉法に示されている．第3条第1項には，「老人は，老齢に伴って生ずる心身の変化を自覚して，常に心身の健康を保持し，又は，その知識と経験を活用して，社会的活動に参加するように努めるものとする」とあり，同第2項では「老人は，その希望と能力とに応じ，適当な仕事に従事する機会その他社会的活動に参加する機会を与えられるものとする」とある．

また，国連によって1999年度に「国際高齢者年」が定められ，高齢社会に達成すべき目標として掲げられたのが，①自立，②社会参加，③ケア，④尊厳，⑤自己実現，の5原則である．

このように「社会参加」は高齢期の重要な政策テーマとしても位置づけられている．

2. 高齢者の社会参加の動機

高齢者の社会参加の動機としては，主に次のような事柄が挙げられる．

　①自らの健康のため
　②趣味における知識や技術の習得のため
　③教養をさらに広げるため
　④社会の役に立ちたいため
　⑤地域の人と交流を深めたいため

わが国の高齢者の社会活動は，欧米の高齢者に比べたら少ないものの，近年では確実に活発化しているのは事実である．

3. 社会参加活動の内容

　高齢者が社会参加することの意義は「身体的，精神的な健康を維持できること」「人と交わることを通して孤独を解消することに役立つこと」「趣味や社会貢献活動による自己実現の機会が与えられること」などに分けることができる．

　社会活動の原点は，「人と人との出会い」から始まる．趣味，クラブ活動での意気投合した仲間，老人大学学級の同級生などがその主流である．

　総務庁（当時）の高齢者の社会参加活動に関する調査（1994）によれば，高齢者が何らかの活動に参加している率は，42.3％となっている．もっとも，この調査の場合の参加頻度とは，週に2回以上の者から，1年に1回程度の者までさまざまである．その中でも比較的に参加率の高い社会活動を挙げると，次の順である．

　　①「健康，スポーツ（体操，歩こう会，ゲートボールなど）」（19％）
　　②「趣味（俳句，詩吟，陶芸など）」（18％）
　　③「地域行事の世話（祭りなどの地域の催しものの世話など）」（10％）
　　④「生活環境改善（環境美化，緑化推進，町づくりなど）」（6％）

　その他，5％以下の活動内容として「教育文化（読書会，子ども会の育成，郷土芸能の伝承など）」「保健，福祉」「生産，就業（生きがいのための園芸，飼育，シルバー人材センターの活用など）」「安全管理（交通安全，防犯，防火など）」などの活動が挙げられている．

4. 生きがい獲得と心身に及ぼす効果

　老年期の生活を考えた時，個々人の「生きがい」は，基本的に社会参加をベースにしているといえる．それは，家庭に閉じこもりがちな生活ではなく，家庭生活を基盤としつつも，社会に出かけ，人々と交わり，活動し共に楽しむ生活，すなわち社会に参加することが，生きがいのある老年期の生活と考えられる．

　社会活動を大きく分類するとすれば，高齢者のこれまでの人生で培った諸能力を活用して社会に貢献する活動，仲間と集い仲間と協力し交流やふれあいの機会を広める活動，自己研鑽を重ねて人格の向上や教養，趣味の技能などの能力を高め，自己実現を目指す活動などとなる．

5. 社会参加を妨げる要因，促進する要因

　高齢者が社会活動を継続させていくためにもっとも重要なことは「活動の拠点の確保」と「専従者の確保」である．

　活動の拠点は，打ち合わせをする場，日常の活動を行う場，特別な行事を行う場などが考えられるが，「場」の確保に困難が伴う場合が多い．また，専従者の確保も期待が大きく，各グループの独立性，自主性を維持していくためには，グループに所属する専従の職員が是非とも必要である．

　このように，安定した地域での社会活動を継続していくためには，活動拠点と専属職員が整備される必要がある．この点に関して，地域によっては，十分に整備されていない場合がある．また活動に要する費用の助成を行政機関がどこまで支援できるかも大きな課題となっている．

　さらに，地域活動の継続のための大きな課題は，後継者づくりである．とくにリーダーの資質に依存しているグループでは，そのリーダーの後に続く後継者をどう確保していくのかが重大な課題となる．この方策として，リーダーを持ち回りにしたり，若い世代でやる気のある人を確保しておくなどが望ましいと考えられる．

6. 高齢者が参加している活動

表8-1　過去1年間に参加した社会活動

(%)

	全 数 (人)	参加している	健康スポーツ	趣味	地域行事の世話	生活環境改善	生産就業	安全管理	教育関連・文化啓発	高齢者の支援	子育て支援	参加したものはない
全体	2,435	50.8	26.5	14.5	12.8	9.8	6.8	5.9	4.5	2.3	2.1	41.7
都市規模												
大都市	608	46.2	25.5	15.6	9.5	5.3	4.8	4.1	4.3	1.8	2.3	46.4
中都市	1,036	49.8	27.5	13.3	12.4	9.7	6.2	5.9	4.3	2.2	2.0	41.9
小都市	567	57.5	27.2	14.6	17.5	13.8	8.5	7.9	5.8	2.6	2.1	36.0
町村	224	50.9	22.8	17.0	12.1	12.9	11.2	5.4	2.7	3.1	1.8	42.4
性別												
男性	1,188	54.1	25.0	11.1	18.2	14.2	8.7	9.3	5.9	2.0	1.7	40.8
女性	1,247	47.6	27.9	17.8	7.7	5.6	5.1	2.6	3.2	2.6	2.5	42.5
平成25年	1,999		33.7	21.4	19.0	9.0	8.4	6.7	6.8	6.7	4.9	39.0

資料：「令和3年度 高齢者の日常生活・地域社会への参加に関する調査結果（全体版）」
（注）大都市とは東京都23区と政令指定都市，中都市とは人口10万人以上の市（大都市を除く），小都市とは人口10万人未満の市

（内閣府編「高齢社会白書」2022）

7. 老人大学の活動状況

　老人大学の活動状況を見ると，年齢はおおむね60歳以上で，男女の比率はほぼ同程度のところが多い．運営主体は，全国の8割（37都道府県）で「長寿社会推進機構」がその運営主体となっている．

　老人大学の設立時期は，23都道府県が1990年以降の設立となっており，もっとも歴史のある県は兵庫県（1969年設立）であり，もっとも新しいのは高知県（1997年設立）である．

8. 老人大学の活動内容

　T県の老人大学の講座開設状況（長寿社会開発センター，1996）を見ると，「知識教養コース」陶芸，園芸，日光彫，文芸，ワープロ，募集人員1学年470名，「地域活動推進者養成コース」スポーツ活動，事業企画や運営の仕方，広報誌作成など60名，各講座の男女比は，55％対45％である．

老人大学における学校生活は，全国的に見て1年制ないしは2年制に期間が限定されているところが多く，機会均等の精神から当面の再入学を認めていない都道府県が多い．

なお講座修了後に講座生同士が仲間となり地域社会の諸々のボランティア活動を実践する場合が多い．

このような老人大学の活動は，おおむね退職後の生きがいづくりや生活の充実化を目的として参加に至る場合が多いと思われるが退職後の生活のあり方について退職前にその準備学習を行うことの必要性も強調されている．

9. 運営上の諸課題

高齢者教育のために設置されている老人大学であるが，地理的事情や地域の事情などさまざまな要因によって抱え込んでいる課題も多い．各都道府県の県内全域での学習の場の確保，学習定員の増加，運営費用の確保，地域におけるリーダー養成と高齢者の社会参加の促進などは，その運営面での課題となっている．これらの課題は高齢者教育の関係者のみならず，広く地域行政の中で積極的に取り組んでいくべきテーマと言える．

老人大学で培った知識や技能を社会で生かせるような，また過去の経験や知識の豊富な人材を有効に社会で活用できるような社会のシステムづくりは，活力ある高齢社会において，ますます重要な課題になると思われる．

10. 地域との関わり方

地域との関わり方のさまざまな実例をまとめると，次のように考えられる．

(1) 地域社会における集団と機能

　ア　地域社会の種類
- 近隣地域
- 生活基盤地域（町内会，自治会）
- 学校区地域（コミュニティー）
- 市町村地域

　イ　地域活動の形態
- 近隣とのつきあい

・地域組織での活動（町内会，自治会等）
・サークル活動
・ボランティア活動

(2) 地域社会は自己実現の場

表8-2　社会活動参加状況

1. 望ましい近隣とのつきあいのしかた
   - ①あった時挨拶する程度のつきあい　　　　　　　23.2%
   - ②あまり堅苦しくなく話し合えるようなつきあい　53.3%
   - ③何かにつけ相談したり，助け合えるようなつきあい　22.8%
   - ④その他　　　　　　　　　　　　　　　　　　　0.7%
2. 「現在（過去1年以内に）加入・参加している団体・グループ」と「将来参加したい団体・グループ」（複数回答）

	区分	現在	将来
①趣味・娯楽・スポーツに関する団体・グループ	全体	28.1%	54.1%
	男性	27.6	50.5
	女性	28.7	57.8
②町内会・自治会	全体	27.9	23.6
	男性	28.5	27.3
	女性	27.3	19.1
③福祉・環境・国際関係などボランティア活動や地域活動を行う団体	全体	7.8	20.7
	男性	7.0	16.5
	女性	8.7	24.8
④勉強・学習・教養に関するグループ・団体	全体	6.5	17.0
	男性	4.9	13.9
	女性	8.1	20.0
⑤コンピュータ・ネットワーク上のフォーラム，グループ	全体	1.5	9.9
	男性	2.3	12.1
	女性	0.7	7.7
⑥その他	全体	1.6	0.5
	男性	1.2	0.4
	女性	2.0	0.7
⑦特にない	全体	50.1	26.9
	男性	50.7	29.4
	女性	49.5	24.3

（ライフデザイン研究所『ライフデザイン白書2000-01』）

11．T県老人大学校における奉仕活動委員会の事例

①歳末助け合い街頭募金活動について
・午前の部　9時15分集合〜12時まで
・場所は市中心部2ヶ所を選ぶ
・1チーム10人程度
・声掛け仕方「歳末助け合い募金お願いします」

②学校祭におけるチャリティバザー
・開催の前日に商品の整理，購買の設営

③社会福祉施設でのボランティア
2ヶ所を指定しておき，月に2回，1回に8人ずつチームを組んで参加する．
主な活動内容
・利用者とのコミュニケーション（将棋など）
・寮内清掃（廊下）
・4月〜6月　施設の庭の草むしり（公園）

第2節　ボランティア活動

1．高まるボランティア活動への関心

わが国は，昭和20年代を境に平均寿命が急速にかつ驚異的な延びを示し，今では世界一の長寿国となっている．平均寿命が80歳以上ということは，60歳の人の平均余命が20年以上あることを意味し，この期間は生まれてから学校を卒業するまでとほぼ同じくらいの長さに匹敵する．かつて「人生50年」だった頃は短い老後を称して，「余生（余りの人生）」といっていたが「人生80年」になった今，もはや老後を余生と呼ぶのはそぐわなくなってきた．

突然あらわれた長い老年期にはじめはとまどっていた人々も，やがては有意義な人生の過ごし方を考えるようになり，老年期に対する人々の意識も「余生」から「新しい第二の人生」へと変化しつつある．そこで新しい生き方の選択として注目を集めるようになったのがボランティア活動である．

ボランティア活動について『国民生活白書』（経済企画庁，1993）は「一般的に，ボランティア活動は，報酬を目的とせず，自発的な意志に基づいて自分の労力等を他人や社会のために提供することといった意味でとらえられること

が多い」と説明している．このようにボランティア活動には明確な定義はないが，基本的に「自発性」「無償性」「公共性」の3つの性格を持つと言われている．これらの特性を持つボランティア活動は，活動する者自身に充実感や生きがいをもたらすと言われ，とりわけ生きがいを必要とする高齢者に適しているとして，国の政策においても積極的な参加を奨励している．このような背景もあり近年，ボランティア活動に関心を寄せる高齢者が増えている．図 8-1 は高齢者のボランティア活動への参加意識を調査した結果である．ボランティア活動をしたことがある人の割合は，60～64 歳で 26%，65～69 歳で 33% と高いとはいえないものの，今後参加してみたいと思っている人の割合はそれぞれ71%，57% に達し，活動への参加意欲を持っている人は多いことがわかる（内閣府「国民生活選好度調査，2000 年」）．

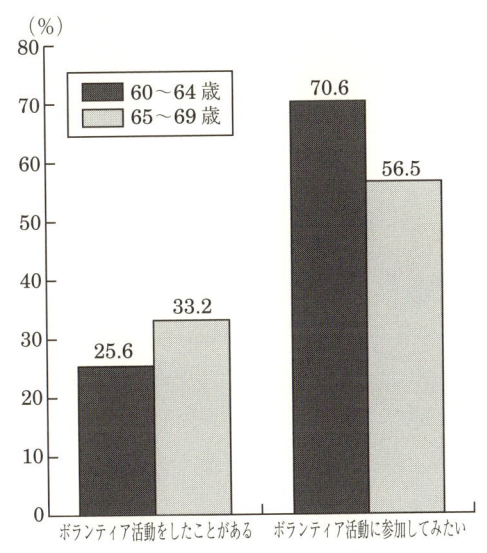

(備考) 1. 内閣府「国民性格選好度調査」(2000 年) により作成．
2.「ボランティア活動をしたことがある」という問いに対して「現在している」，「過去にしたことがある」と回答した人の割合の合計．「ボランティア活動参加してみたい」は，「あなたは，今後，ボランティア活動に参加してみたいと思いますか」という問いに対して「是非参加してみたい」，「機会があれば参加してみたい」と回答した人の割合の合計．
3. 回答者は全国の男女で，60～64 歳が 344 人，65～69 歳が 382 人．

図 8-1　高齢者のボランティア活動への参加意識

(内閣府編「国民生活白書　平成 13 年版」)

2. 多様化する活動

　高齢者のボランティア活動の場はこれまで，老人クラブや老人大学，全国社会福祉協議会などが主要であったが，最近は民間の団体を通して個人で独自の活動をしている人や，あるいは過去の知識や技術を生かして途上国の発展に貢献するなど，国際的に活動している人たちも増え，その様子は多様化してきている．

　活動内容は「環境美化，リサイクル活動，牛乳パックの回収など自然・環境保護に関する活動」「高齢者や障害者などに対する介護，身の回りの世話など社会福祉に関する活動」「スポーツ・レクレーション指導，まつりの指導など体育・スポーツ・文化に関する活動」「ボーイスカウト・ガールスカウト活動，子ども会など青少年健全育成に関する活動」「募金活動・チャリティーバザー」などを行っている人が多い．そのほかにも「子供の交通安全」「料理，英語，書道など人々の学習活動に関する指導など」「自主防災活動や災害援助活動」「公民館における託児，博物館の展示説明員など公共施設での活動」「病院ボランティア」「通訳，難民・留学生援助，技術協力などの国際交流（協力）に関する活動」など多岐にわたっている（「生涯学習とボランティア活動に関する世論調査」総理府，1993）.

　また海外で活動している高齢者の数も多く（図8-2），活動分野の幅も広い．シニア海外ボランティア（外務省・国際協力事業団による事業）がこれまでに指導した分野は9つに及んでいる．その内容は「コンピュータ，環境，財政行政など計画・行政分野」「都市計画，土木設計，上下水道設備など公共・公益事業分野」「野菜栽培，農業機械，バイオテクノロジーなど農林水産分野」「電子工学，金属加工，化学工学など鉱工業分野」「水力発電，太陽エネルギー利用などエネルギー分野」「品質管理，経営管理，マーケティングなど商業・観光分野」「日本語教育，理数科教師，教員育成など人的資源の分野」「看護教育，栄養指導，公衆衛生など保健・医療分野」「ソーシャルワーカー，障害児教育など社会福祉分野」で，受け入れ国から高い評価を得ている（国際協力機構，2003）.

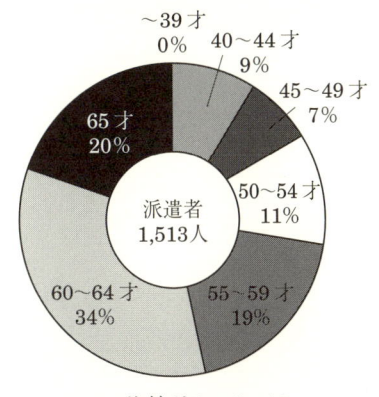

図 8-2 海外で活動する高齢者
（独立行政法人国際協力機構，2003）

派遣者 1,513 人
～39才 0%
40～44才 9%
45～49才 7%
50～54才 11%
55～59才 19%
60～64才 34%
65才 20%
シニア海外ボランティア
（2003年10月1日現在）

3. ボランティア活動と自己実現

　ボランティア活動は高齢者の心にどのような影響を及ぼしているのであろうか．アメリカの心理学者マスローは「欲求階層説」を唱えている（図 8-3）．
　第一段階は飢えや渇き睡眠などの生理的欲求で，これがある程度満たされると第二段階の安全欲求を求め，同様にこれが満たされると第三段階の所属と愛情の欲求があらわれる．さらにこれに満足すると第四段階の承認・尊敬の欲求を求め，その欲求の満足により最終段階の自己実現の欲求が出現するという．さらにマスローはこの階層を生理的欲求，安全欲求などの低次の欲求と尊敬の欲求，自己実現の欲求など人間的成長につながる高次の欲求の2つに分けている．
　ボランティア活動の成果について全国社会福祉協議会が調査を行ったところ，「ボランティア活動をしてよかったことは何か」という質問に対して，65歳以上の人（団体に属している人，いない人）の回答では「自分自身の生きがいを得ることができた」「新たな友人や仲間ができた」「活動対象者や活動先から感謝された」「社会のために役立つことができた」が上位を占めていた（全国社会福祉協議会，1996）．この結果をマスローの「欲求階層説」にあてはめてみる

```
        自己実現
         の欲求
       ━━━━━━━━
      承認と尊敬の欲求
     ━━━━━━━━━━━━
     所属と愛情の欲求
    ━━━━━━━━━━━━━━
        安全の欲求
   ━━━━━━━━━━━━━━━━━
        生理的欲求
```

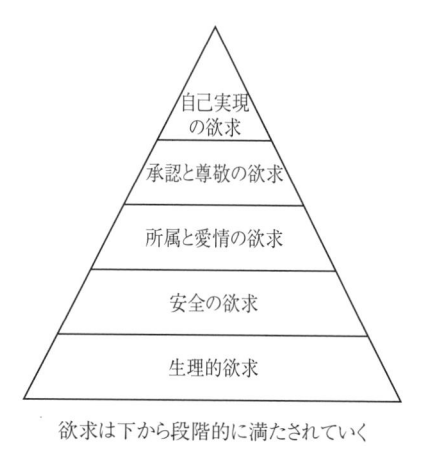

欲求は下から段階的に満たされていく

図8-3 マスローの欲求解消説

と，新たな友人や仲間を得たことで，所属と愛情の欲求が満たされ，さらに行った活動に対して感謝され社会に貢献できたと感じることで，承認と尊敬の欲求が満たされ，ついに自己実現の段階に達し生きがいを得るという心の過程を見ることができる．このように高齢者のボランティア活動は生きがいという大きな成果をもたらすのみならず，老いてなお人間的成長を遂げるという可能性をも秘めているといえる．

一方で老年期は喪失の時期とも言われ，社会的なつながりの喪失，配偶者や身近な友人の喪失，身体機能の低下や喪失などさまざまな喪失に出会い，心理的に危機をきたしやすい．ボランティア活動に参加することは，このような老年期特有の危機を乗り越え，生き生きとした人生を送るための有効な手段の1つにもなり得る．

4. 長寿社会における展望

ボランティア活動への関心は高いものの，実際に活動している人が少ないことはこれまでにもしばしば論議され，「活動に必要な情報が得られにくいこと」「サラリーマンの地域とのつながりの薄さ」などが活動に結びつかない原因として挙げられてきた．しかしここ数年ボランティア活動に関する出版物が書店や近隣の図書館に多く並ぶようになってきており，地域の広報誌などでも関連

記事をよく見かけるようになってきた．活動に必要な情報へのアクセスは以前に比べると容易になってきているといえる．また企業も定年退職後の地域社会へのソフトランディングを目指してボランティア休暇制度を設けたり，ボランティア団体からの情報を社内報に掲載したりするなど活動を支援するようになってきた．このように徐々にではあるが，長寿社会における高齢者のボランティア活動に明るい兆しが見えはじめている．

引用文献

1) 長寿社会開発センター「平成8年度老人大学実態調査」
2) 栃木県健康生きがいづくり協議会「シルバー大学校講義資料」
3) 経済企画庁編『国民生活白書（平成5年版）』大蔵省印刷局，1993
4) 内閣府編『国民生活白書（平成13年版）』ぎょうせい，2001
5) 総理府内閣総理大臣官房広報室『生涯学習とボランティア活動に関する世論調査』1993
6) 独立行政法人国際協力機構『JICA INFO-KIT File D-8』2003
7) 全国社会福祉協議会『全国ボランティア活動者実態調査報告書』1996

参考文献

1) 岩波書店編集部編『ボランティアへの招待』岩波書店，2001
2) マズロー（小口忠彦監訳）『人間性の心理学』産業能率大学出版部，1987
3) 田中尚輝『高齢化時代のボランティア』岩波書店，1994

第9章　高齢者へどのような援助が必要か

第1節　基本的援助

1. 老人のタイプについての理解

　老人にはいろいろなタイプがある．ここでは、老人の中でもとくに高齢の老人を高齢者という．たとえば積極的に講演会を聞きに行くタイプの老人がいる．お正月の料理や七草粥，誕生日のお祝いなどの行事食を、きちんと作るタイプの老人がいる．外食をしない老人がいる．一方、外食は手軽だと考えてよく利用している老人もいる．1日1食の老人もいる．ホームレスの老人もいる．事業が次々に大成功して来た老人もいる．スーパー老人がいる（小林, 1996, 2000）．スーパー老人のように要職についている老人の場合には，老人という自己意識を持たない傾向がある．子どもや孫に囲まれて、糖尿病や高脂血症でカロリー計算をしながら食事をしている老人もいる．過去のことは清算して死にたいという老人がいる．戦争に行った老人．引き揚げてきた老人．つらい体験をしてきた老人は，その体験を語りたがらない傾向がある．当時の辛さが甦ってくるのである．居室が4人部屋で、いびきがうるさくて眠られないという老人．夜中に騒ぎ出す老人もいる．オレオレ詐欺にかかる老人．暴力を振るう老人がいる．孫をいじめる老人．孫や子どもから虐待される老人もいる．日本では、虐待される老人は増えてくると予想される（小林, 2000）．

2. 基本的援助のための老年期の分け方

　老人という言い方は，幅の広い言い方である（小林, 1998, 2000）．頭の中で老人を分類しながらイメージすると、基本的援助がスムーズに行く．60歳以上の人を老人として見た場合には，100歳になるまでに40年間の長さがある．ちなみに現在の日本では，100歳以上の人は2万人を超えている．一方世界では国民の平均寿命が60歳以下になっている国が22カ国もある（総務省統計局, 2003）．たとえば最近のロシア国では，人口の減少が国家安全保障上の問題になっている（木村, 2004）．現代日本の老人の分け方については、単純に60歳代の人（老人前期），70歳代の人（老人中期），80歳代の人（老人後期），90

表 9-1　一般的な老人の分け方

分類の名前	老人のイメージ
６０歳代の人	老人前期
７０歳代の人	老人中期
８０歳代の人	老人後期
９０歳代の人	高齢老人期
１００歳代の人	超高齢老人期

表 9-2　個別的な老人の分け方

老人の個別的なステージ	老人の特徴
1. 健康期老人	介護が要らない．自立している
2. 介護期老人	介護が要る老人
3. 臥床期老人	臥床を始めた老人
4. 認知症期老人	認知症の人生を歩み始めた老人

歳代の人（高齢老人期），100歳以上の人（超高齢老人期）と，分類してイメージいくと分かりやすい（表9-1）．しかし個々の老人については，個人差がとても大きいので介護の必要性の視点から3つのステージに分けてイメージすると，さらに理解しやすい（表9-2）．このほかに，認知症期老人（認知症の人生を歩み始めた老人）というステージが発生している人もいる．認知症の人生を歩み始めた人は，65歳以上の人口の約7％の出現率で，現在でも160万人以上もいる．認知症の出現率は80歳を越すともっと高くなることが知られているので，これから認知症の人生を歩み始める人は，さらに増えると予測される．老年期のステージについては，次のステージに移行すると，元のステージには戻れないという傾向が見られるので，個々の老人が現在どのステージに位置しているかプロットしていくと，この次にどのステージがくるか見当が付いて，基本的な援助のための重要な情報になる．

3．老人に対する応接の基本

われわれは老人の対人サービス業の職種であるという認識を抱いていることが必要である．①いつも愛想がよくて，老人が楽しい気持ちでいられるようにしていること．②老人を怒らせないこと．③老人との接客トラブルを起こさな

いこと．④いつも丁寧な態度で暮らしていることなどが大切である．たとえば職場では，「〜です」，「〜ます」，「〜いたします」などの言葉を使っていることが必要である．敬語を使っていること．きちんとした服装で老人の応接をすることが基本である．威嚇的な身なりではいけない．きちんと制服を着る．ボタンをかける．靴を履く．ひげを生やさない．汗臭くないように気をつけていること．忙しいという雰囲気を漂わせないことである．ばたばたと音を立てて歩かない．走らない．危険である．老人に信頼感を抱いてもらえるように接することと，「またここに来たい」という気持ちを抱いてもらえるように心掛けていくことが応接の基本である．

4. 老人に対する職業人としての自己点検

　老人への職業人として基本的なことができているか自己点検したり，上司に評価をお願いするとよい．毎日同じ注意を言われないように，自分の行動を直して行くことが大切である．老人のお名前を間違えるとか，処置や入浴などの時間を間違えるとか．これらは，あってはならないミスである．ミスの重みを感じ取れることも必要である．基本的援助のためには，臨床業務の伝言や指示について，正確に伝えていくことは当然のことである．そのときの雰囲気もきちんと伝えられなければならない．伝えた結果をきちんと報告すること．自分の見聞したことを文章で正しく記述できるようになっていることも必要である．これは介護記録などをはじめとする臨床記録の基本になる．老人への職業人としては，ミスをしたら老人に叱られることがあるという現実も知っていなければならない．叱られたことがないという学生の場合には，老人の生の感情に触れていくことができるように，心の訓練が必要である．ちょっと言われると，すぐに固まるタイプの学生も，指示を待っているだけの職業人も，これらの行動パターンを直していくことが望まれる．基本的援助では，老人を傷つけないという接遇理念を守ることが大切である．

5. 親しい老人とのお別れ

　どんなに心を込めて尽くしても，老人が亡くなると，そのお客様は，職業人の手の届かない存在になる．家族や親戚が登場してお葬式の準備がスタートす

る．解剖になるかもしれない．遺体になると，お客様が生きていたときに感じた存在感とは，また別の特殊な存在感が伝わってくる．これは不思議な気持ちである．悲しい場合が多いが，悲しみがすぐには発生しない場合もある．これは愛情が深い場合にも見られる心理現象で，否認という心の防衛機制である．心の中でその老人の死を否定している．人は，否認の防衛機制が発生することで，死という過酷なストレスに耐えている場合がある．このようなつらい経験が続くと，老人と親しい人間関係を持つことを，恐れるようになることがある．たとえば就職して1～2年目までは明るく元気で働いていたのに，心の中に醒めた部分をつくって，自然に自分の心を防衛するようになることがある．これを乗り越えるのに数年かかる場合がある．親しい老人とのお別れに耐えて行かなければならないということは，老人をお客様としている職業人にとっては必須である．

第2節　カウンセリング

1. 老人カウンセリング

　老人カウンセリングの目的は，老人の心や体の不調を回復させることである．老人の心が元気になって行くように，老人を支えていくことである．カウンセリングでは老人の体に触れないことと，老人自身がカウンセリングを望んでいることが大切な要件になる．カウンセリングの様子は毎回きちんと記録に残しておくと良い．カウンセリングの年月日，時間，その老人の様子，カウンセリングで行ったこと，誰の指示で行ったか，カウンセリングの診たて，カウンセリングで行った結果など．カウンセリング開始時期には，心理テストをしながら慎重に見ていくというやり方をする．カウンセラーは心理テストの技術を持っていることも必要である．たとえば連想テストは，老人への負担が少なく，マニュアルもそろっている（小林，1989a，2001，2004a）ので利用されることがある（図9-1）．

WAT-Ⅱ 言語連想検査				年　月　日　曜（　）
				（　）　　　男・女　　才
				Diag.
				印象

1) 机	2) 男	3) 病院
4) 学校	5) 女	6) 注射
7) 勉強	8) 恋人	9) 病気
10) 大学	11) 夫	12) 退院
13) 新聞	14) 妻	15) 入院
16) テレビ	17) 父親	18) 薬
19) レコード	20) 母親	21) 看護婦さん
22) ピストル	23) 子供	24) 先生
25) 車	26) 自分	27) タバコ
28) うち	29) 友達	30) お酒
31) 電波	32) セックス	33) 自殺
34) 電気	35) 未来	36) けんか
37) 過去	38) 愛情	39) 不安
40) 尊敬	41) 神さま	42) 現在
43)	44)	45)

図9-1　言語連想検査WAT-Ⅱ検査用紙（小林, 1989b）

2. 予備知識の必要性

　カウンセリングを始める前に，老人についての予備知識を持っていると，親しく感じてもらえることがある．たとえば老人に見られる心の悩みについては，死についての悩みがある．自分がいつ死ぬのだろうか．どこで死ぬのだろうか．妻よりも先に死ぬのだろうかということが基本的に見られるようである．これが老人の慢性的なストレスになっていることがある．ほかに老人の悩みについては，①お金，年金，貯金，②健康，病気，医療，介護の不安，③生きがい，再就職，孤独，友人の死，親の死，ペットの死，④冬の暮らしの困難（買い物，除雪），⑤お墓，お葬式，遺産などのテーマが挙げられる．老人のかかりやすい病気について予備知識を持っていることも必要で，たとえば①糖尿病，②脳卒中，③ガン（肺がん，前立腺がん），④高血圧，⑤心臓病，⑥動脈硬化，⑦白内障，⑧排尿困難などの症状と，そのつらさなどを十分に知っておくことである．

3. カウンセラーに望まれる資質

まず人間的な愛情を十分に持っていることが必要である．老人が好きだということが基本的に大切で，老人の幸せを願うことができる人間であること．老人の痛みを感じとれる心を持っていることである．またカウンセラーは自分自身に対しても愛情を持っていることが大事である．自己否定の強すぎるカウンセラーは，老人を傷つける恐れがある．日本語に詳しくて，美しい言葉使いができること．グローバルな視点と歴史的視点で考えることができることもカウンセラーの大切な資質である．

4. カウンセリングの技術

優しい愛情だけでは，老人を救うことができない場合がある．老人をもっと悪くさせてしまうことも起こり得る．しかしカウンセリングの技術だけでは，人の行為としての基本が欠損している．カウンセリングの技術については，いろいろな病気の老人の心理について明るいこと，自分の手に負えるかどうかの見立てができること．心の病気が発病する原理とその治し方の原理を熟知していること，老人の心理的な転移とカウンセラーからの逆転移についての認識ができること，老人の弱い立場が読めること，その場の老人の空気を読んで，言外の意味を正しく読み取れることなどが挙げられる．実際のカウンセリングでは，温かいハートと心理面接の技術，心理テストの技術などを総合的に持っていることが必要である．

5. 老人カウンセリングのコツ

いつも職場の人間関係を良好にしていくことである．難しい老人のケースについては，一人で抱え込まないほうが良い．ほかの職種と連携しながらチーム全体で見て行くことである．自分の職業の限界と責任の範囲を考えることも必要である．老人カウンセリングの場合には，年式で老人を見分けていくとうまく行くことがある（小林，1995，2000）．たとえば明治後期生まれの老人（現在約100歳）と，大正初期生まれの老人（現在約90歳），大正後期生まれの老人（現在約82歳），昭和初期生まれの老人（現在約76歳），昭和中期生まれの老人（現在約60歳）とでは，老人の趣味の持ち方や心の特徴が違う．これか

らも年式の違いによって，新しいタイプの老人が絶えず発生する．

6. 老人カウンセリングのための人生の巻紙理論

人生の巻紙理論では，人生はトイレットペーパーのように巻紙になっているとイメージする．巻紙には芯があるが，この芯は，人間の原型で遺伝的な要素が大きく，赤ちゃんの生まれた状態のイメージである．赤ちゃんは毎日の生活経験によって，思い出が増えたり，知識や判断力や運動能力などが増したりする．これらは後天的な学習で，紙が芯に巻きつけられて行くイメージである．そして芯が四角い赤ちゃんでも，本人の努力や人生経験などで，表面上は丸い巻紙になることができる．こうして紙が増える現象は，大体 50 歳くらいでピークに達する．その後，巻き紙は少しずつ巻き戻されて行く．すると，今まで丸く見えた巻紙でも，生まれた当時の四角い芯の様子が次第に現れてくる．つまり学習したことが老化で失われて，子どもの頃の嗜好が蘇ってきたり，幼児期の性格行動パターンが再現されて来るのである．これが人生の巻紙理論である（小林, 2000）．人生の巻紙理論では，一般的に 60 歳の人は 6 歳の生活に入って行き，70 歳の人は 4 歳の生活に，80 歳は 3 歳の生活形態，90 歳は 2 歳ぐらいの生活に入って行くとイメージする．

7. 老人カウンセリングのための 2 つの命（いのち）理論

2 つの命理論では，人の体には，心の命と体の命という 2 つの命が宿っているというイメージで人間を理解していく（小林, 1996, 2000）．たとえば認知症老人といわれる人の場合には，心の命は大きく巻き戻されているが，体の命はあまり巻き戻されていないとイメージするのである．

8. 老人カウンセリングの事例

老人男性 A さん（83 歳）は，脳動脈硬化症と診断された（小林, 1989a, 1996, 1998）．ご本人とご家族からの依頼と主治医からの心理カウンセリングの指示で，入院期間中にカウンセリングに通ってもらった．カウンセリングの目的は，①快適な入院生活が送れるように心理的なサポートを行うことと，②元気をつけること，③ぼけ防止などである．

第 2 節　カウンセリング　129

　カウンセリング開始時期には，連想テスト，ADL テスト（生活行動検査），長谷川式簡易知能評価スケールその他の心理テストで心のチェックを行って，カウンセリング計画を立てた．連想テストの連想反応を分析してみると，定義反応が 16 個と多いので軽度の認知症化現象が始まっていることが示唆された．良い特徴については，誠実な人柄が認められた（表 9-3）．心理テストの結果，カウンセリングの方法は，快適回想法と催眠暗示療法などを併用することにした．快適回想法では，人生の中で最も楽しく充実していた時期を思い出して，話してもらった．催眠暗示療法では太陽と牧場についてのイメージトレーニングを行った．

　3 ヶ月後に老人男性 A さんは，予定通り退院し，カウンセリングが終結した．老人男性 A さんは，見かけ上は，入院してきたときよりも元気になった．心理テストで客観的に分析してみると，ADL テストではレベルアップが認められた．

表 9-3　カウンセリング開始時期の連想テストの結果の一部
（老人男性 A さん 83 歳）

連想テストの刺激語	A さん 83 歳の連想反応	連想反応の分析
＜入院＞という刺激語	「病院に入る」	軽病レベルの認知症化が始まっている
＜薬＞という刺激語	「病気を治す」	軽病レベルの認知症化が始まっている
＜テレビ＞という刺激語	「物を見していただく」	誠実な人柄がみられる
＜神さま＞という刺激語	「あがめる」	誠実な性格がみられる
全体的分析の結果	軽病レベルの認知症化現象が始まっている，人生を誠実に築いてきた性格	

（小林，1989a，1996，1998）

表 9-4　カウンセリング終結期の連想テストの結果の一部
（老人男性 A さん 83 歳と 3 ヶ月）

連想テストの刺激語	A さん 83 歳の連想反応	連想反応の分析
＜入院＞という刺激語	「先生の言うことを聞く」	中度レベルの認知症化が見られる
＜薬＞という刺激語	「注意して飲む」	中度レベルの認知症化が見られる
＜テレビ＞という刺激語	「ニュース，大事なことを見る」	社会への関心は失われていない
＜神さま＞という刺激語	「信じる」	誠実な性格である
全体的分析の結果	中度レベルの認知症化現象が始まっているが，誠実な性格は変わらない	

（小林，1989a，1996，1998）

長谷川式簡易知能評価スケールの成績はわずかに低下した．連想テストでは，とくにレベルの低い定義的反応が30個も出て来たので，認知症化現象が中度に進行したことが確認された．良い特徴については，誠実な性格がまだ残っていることが認められた（表9-4）．

老人男性Aさんは，その後自宅での生活に戻ったが，すぐに老化が進んで近くの老人病院に入院された．このカウンセリングは，老人男性Aさんの老化を食い止めることはできなかったが，元気な気持ちで生活できるようになることと，認知症化現象の進行を少しだけ遅らせることに効果があったと考察できる．

9. 重度認知症の老人へのカウンセリング

人は認知症になっても，喜びも悲しみも1つひとつが心の中に沸いてくる．普通の人としての心が残存している．しかし重度の認知症状態になってしまうと，悲しいことと恐ろしいことだけが心の中に多く発生するようである．カウンセリングの場面では，認知症という見かけの姿に捉われないで，老人の目の奥にある心の世界に対して，ダイレクトに語りこむような気持ちで語り掛けたり，傍にいてあげたり，思いやりにあふれる応対をすることが大切である．重度の認知症状態の老人の場合には，カウンセラーが独り言のように自分の身の上話や昔の世情などを話して，老人に聞いてもらうという方法もある（小林，2004a）．

第3節　リハビリテーション

1. リハビリテーションについての理解

リハビリテーションという言葉は，日本では，ケガや病後の人の身体の機能回復訓練という意味で多く使われている．しかし英語圏では，主にアルコール依存症者や犯罪者などに対する社会復帰訓練という意味で使われている（竹林他編，2002）．英語の場合にはrehab. と省略する．世界的に見るとリハビリテーションという言葉が最初に登場したのは，1533〜1534年のことである（竹林他編，2002）．これは日本では室町時代になる．当時は，宗教用語として名誉回復とか信用回復などの意味で用いられていた．

2. 脳卒中と老人のリハビリテーション

　リハビリテーション病院で調べてみると，新患の人数は男性のほうが多い（小林，2002，2004）．その男女比は約1.7～1.6対1である．男性は女性に比べてリハビリテーションが必要な病気やケガをしやすい傾向があるようである．脳梗塞患者の発病は，60歳代が一番多い（101名，43％）．次に70歳代（68名，29％）であった（小林，2003）．この順序は男女に共通して見られる．

　脳梗塞患者（男性137名，女性100名）の趣味について調べてみる（小林，2003）と，男性の68％が趣味を持っていた．女性の場合には趣味を持っている人が少なかった（55％）．老人の生まれた年代によって趣味が違う．大正元年の頃（現在約92歳）に生まれた人の場合は，お茶，お琴，ピアノなど贅沢な趣味が目立っている．大正中期頃（現在約84歳）から昭和初期（現在約78歳）に生まれた老人の場合には，「働かなければ食べていかれなかった」とか，「仕事一筋で生きてきました」というライフスタイルの老人が多い．つまり趣味を楽しむ余裕がなかったという貧しい生活の実態が見られる．昭和初期からの戦争時代には，趣味を罪悪視する風潮もあったのである．

　脳卒中の老人患者の場合は，自分が役に立たないという自己意識を抱きやすく，必要以上に心配したり，疲労感が強い傾向がある．応接にあたっては，不安を掻き立てるようなものの言い方は慎むべきである（小林，1987）．老人男性患者の場合には，内心では幸福になりたい気持ちが強いが，やせ我慢をして，何を聞いても「いいえ」と答える傾向が見られる．老人女性患者の場合には，回答のバラツキが大きいので，個別的な特徴を捉えて応接して行くことが望まれる．

3. 老人の骨折とリハビリテーション

　老人になると柔らかい畳やじゅうたんの上で転んでも骨折することがある．老人が転ぶというのは危険である．とくに老人女性の場合は，骨折しやすい．骨折してから4～5日間で亡くなる老人も意外に多い．また骨折治療のために入院して，ギプスをはめられてから筋力が落ちたり，痴呆化現象が始まる老人も多い（小林，2000）．

4. 交通事故と老人のリハビリテーション

これからの日本は，老人の交通事故のケースが増えてくる．しかも知覚的判断ミスのために，老人が加害者となる交通事故が増えてくる．リハビリテーション病院で調べてみると，リハビリ患者（530名）の約5％が交通事故のケースである（小林，2002）．若い人や中高年の場合には同乗者としての事故や自損事故のケースが多いが，老人の場合には，歩行中に転ぶという歩行者タイプの事故が多いことが特徴である．老人男性は家の外で転ぶ傾向があり，自分の車の運転ミスというケースも見られる．老人女性は，家の中で転ぶという傾向がある．老人が転ぶ原因としては，脳梗塞，心臓病，抑うつ症，認知症などの既往歴のあることが指摘できる場合が多い（小林，2002）．

5. 老人のリハビリテーションのコツ

リハビリテーションについては，個人法（個別法）と集団法（グループ活動）などがある．老人のように体力が弱く，持久力がない人の場合には，どの方法でも特別に思いやりを持って応接して行くことが必要である．楽しくすることが基本である．小グループ（4〜5人）あるいは大グループ（20〜30人規模）で行う集団法（グループ活動）の場合には，いろいろな職種のプロが入ると，よい雰囲気になることが多い．具体的な手技については，たとえば「遊びリテーション」（坂本，2004）という技法がある．老人のグループ活動の利点は，仲間ができて認め合うことができること，みんなで楽しんだという充実感が発生すること，他人の生き方や行動様式などが見られること，参加した老人の心理的な負担が軽くてすむことなどが挙げられる．しかし全員が揃うまで，数分間待っているだけでも，負担が大きくて不安になる老人がいることを忘れてはならない（辻野他，1986）．毎回臨床ケース記録を個別的に記載し，グループ全体の様子についても臨床グループ活動記録を記載していくことが必要である．心理テストなどを取り入れて，個々の老人について経過を測定していくことも大切である．

第4節　レクリエーション

1. 福祉レクリエーションの概念

　われわれは日々の暮らしの中でさまざまなレクリエーションを行い，生き生きとした生活を送っている．レクリエーションは健康づくりの土台であり，楽しみや喜びの源泉である．しかし，レクリエーションというと，歌・踊り・ゲームなど，集団で行うことと思っている人が多く，中でも高齢者たちは仕事（労働）をして疲れた心や身をリフレッシュさせるめたの遊びや気分転換と捉えている人が多い．しかも，そのレクリエーションは健常者向きのものがほとんどで，高齢者や障害者にはできないものが多かった．どんな障害を持った人でも命ある限り"やすらぎ"や生活の"快さ"は求めるはずで，すべての人の人間としての生き方（ニーズ）に応えていくのが福祉レクリエーションである．

　この点で垣内芳子は，『レクリエーションとは，生活を楽しく，明るく，豊かにするための一切の行為である．行為とは単に四肢のみでなく，視覚，聴覚，味覚，触覚などに関わる一切の行為を含む』（垣内他編，2000）と述べている．つまり，福祉でのレクリエーションは，日常生活に視点を置き，衣食住の快さや，明るく楽しく，張りがあって，自分らしく生き生きとした日々が過ごせるように，「心身の活性化・生活の活性化（アクティビティ）」を目標にすえなければならないと力説している．

2. 生活を支えるレクリエーション活動援助

　人は重度の障害があったり寝たきりになったりしても，自分なりに満足できるよりよい「生活の質（QOL）」を高めたいと願っている．どんな人でも人間としての生活時間は，基礎生活，社会生活，余暇生活に3分割でき，その領域ごとに楽しみや喜びにつながる欲求を充足させることが必要である．

　各領域におけるレクリエーション援助のあり方を考えてみよう．

（1）基礎生活

　基礎生活は，生命維持のために行われる行為である．美味しく食事する，お気に入りの衣服を着る，心地よい入浴，快い睡眠ができるなど，本人の主体性を尊重しながら，またプライバシーに配慮しつつ，より快適に過ごすためのさ

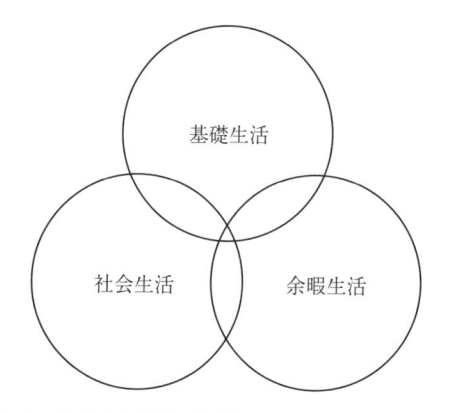

図9-2 生活の3領域（池部，2003，p.12，一部改変）

まざまな援助を行うことが大切である．

(2) 社会生活

社会生活は，社会との関係を結ぶ行為で，他者との出会い・ふれあい，共感，認知など社会的欲求を満たしていくことである．たとえ仕事（就業）がなくても，団体活動や地域社会活動に参加して能力を発揮したり，年代を問わずお互いの交流を深め理解しあうことは大変重要なことである．

(3) 余暇生活

余暇生活は，自分の志向（選択）で好きなことを追求して楽しみ，さらに，新しいことへの挑戦や発見を求め，個性や能力を伸ばせる可能性を持っている．趣味的活動，生涯学習，ボランティア活動も含めて，前向きな生き方が作り出されるように援助しなければならない．

3. レクリエーションの主体の理解

レクリエーション活動援助は，その人を理解することから始まる．その人の特性が表面に表れているものと表れてこないものもある．したがって利用者を理解するときは，次の視点（背景）からと，医師の診断，PT，OTによる訓練の経過報告などを含め，的確に把握し理解しなければならない．

①身体的側面…日常生活動作能力（ADL），四肢に障害のある人，視覚・聴覚障害者，内蔵疾患のある人，身体機能が低下している人，身体的な障害が重複している人，障害が先天的なものか中途障害か，進行性のものなのかなど．
②知的側面…知的障害の程度，認知症の原因（脳血管性型認知症，アルツハイマー病），認知症の進行の状態，理解力や集中力など．
③心理・情緒的側面…不安感の有無，環境変化への適応度，自分自身の受容度（中途障害のため），自閉的で物事に興味や関心を持たない人など．
④社会的側面…人生観・価値観，自己主張の度合い（攻撃，卑下，矮小化）など．
⑤総合的な把握…生活歴，余暇歴，人間関係（家族や地域），学歴など．

4．レクリエーション・サービスの援助計画

　基本的には個人に対して，どのような活動に興味や関心があるのか，また，どのようなレクリエーション環境を提供することが生活の質の向上につながるかの視点で，レクリエーション計画を立て実施することが大切である．個人向きの計画も集団を対象とした計画でも，いずれも，A―PIE プロセス（事前の査定→計画→実施→評価）を踏まえた援助計画が必要ある．

（1）事前の査定（アセスメント　Assessment）

　高齢者の状況を事前に査定するもので，ADL（介護レベル）や健康状態，趣味や余暇活動，日常生活で好きなこと（歌，ゲーム，手芸，文芸，テレビ番組…），人間交流の程度，レクリエーション・ニーズなどを把握する．

（2）計画（プランニング　Planning）

　アセスメントで得たことを基に援助の目標を立て，それを達成するための活動を計画するが，高齢者のレベルに沿って活動範囲をイメージして決める．
　計画は日課のほか，短期計画から長期計画（週間・月間・年間），それに年中行事などを加えて，日本人らしい季節感を味わえるような計画が望ましい．

(3) 実施（インプレメンテーション　Implementation）

計画したプログラムの実施に当たっては，本人の同意を得ながら動機づけを行い，目標を達成するために活動を展開していく．この時，押しつけがましいことや強要などしないよう留意すべきであり，楽しく活動するためには，必要に応じて励ましや称賛の声かけが大切である．

(4) 評価（エヴァリュエーション　Evaluation）

主体者にとって活動の選択や内容は適切であったか，目標に向ってどの程度達成できたか，どの程度楽しむことができたかなどの評価をする．活動中の動きや変化，さらに活動後の表情や生活行動の変容も観察し，感想を聞くなどもして振り返りたい．それはまた，次回につなげる再アセスメントにもなる．

5. 楽しさの追求とアレンジの仕方

人が感じる楽しいレクリエーション活動は，個人が発揮できる能力と，レクリエーション活動の課題の難易度で決定される．その意味では個人が達成できるレベル，あるいは挑戦してみようと思うレベルのレクリエーション財が必要である．実施されるプログラムの内容がその人にとって難しすぎたり，または簡単すぎたりすると，興味が減退して退屈感に変わってしまう（フローの概念）．その結果，レクリエーション援助の継続に困難を生じてしまうおそれがでてくる．したがって，真にレクリエーション活動を楽しんでもらうには，レクリエーション財のアレンジが必要である．財のアレンジは，安易に単純化（幼稚化）するのではなく，その財の本質を変えることなく残存機能を維持しながら楽しめるように，用具の工夫やルールの改善などをしなければならない．

6. 「生きる喜びづくり」への援助

生活の介護もレクリエーション活動援助も，日々の生活が快く活性化されるよう行われる援助活動である．

とかく生活が単調になりがちな高齢者に刺激を与え，張りを持たせ，楽しさの追求という喜びや生きがいにつながることを生活の中に位置づけることが大切である．レクリエーション活動の援助は，単に何か楽しい趣味的なことをし

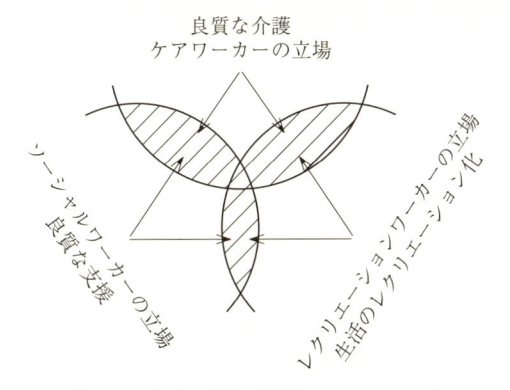

図9-3 援助の役割（池部，2003，p.13）

ていればよいのではない．日々気分がさわやかに能動的に自分らしく生きていくという「生きがいづくり」に関わる課題であることを強く意識して，レクリエーションのある生活と，生活そのものを楽しむことを結び合わせて援助することが重要である．

引用文献

1) 木村汎「ロシアの安全保障」『imidas 2004』集英社，2004
2) 小林俊雄「脳卒中患者のつらさとその対策—MASテストによる検討」現代とリハビリテーション，第2巻第1号，pp.83-89，1987
3) 小林俊雄『言語連想検査法：WAT-Ⅱから見た心の世界』誠信書房，1989a
4) 小林俊雄『言語連想検査WAT-Ⅱ検査用紙／分析記録用紙』誠信書房，1989b
5) 小林俊雄「年式に基づく人間理解」家庭科教育，第69巻第6号，pp.73-77，1995
6) 小林俊雄「老人の心理と連想テスト」家庭科教育，第70巻第1号，pp.49-53，1996
7) 小林俊雄「老人の心がわかる」家庭科教育，第72巻第2号，pp.91-95，1998
8) 小林俊雄『よく分かる心理学講義』関西看護出版，2000
9) 小林俊雄『子どもの心が分かる：心理カウンセラーのノートから』家政教育社，2001
10) 小林俊雄「最近の交通事故のリハビリテーション患者に見られる男女差」順正高等看護専門学校研究紀要，第10号，pp.17-25，2002a
11) 小林俊雄「最近のくも膜下出血患者に見られる男女差」家庭科教育，第76巻第12

号，pp.56-60，2002 b
12) 小林俊雄「脳梗塞患者さんの趣味についての男女差」家庭科教育，第77巻第3号，pp.56-60，2003
13) 小林俊雄『臨床心理アセスメントの実際：カウンセリングと連想テスト』関西看護出版，2004 a
14) 小林俊雄「交通事故のリハビリテーション患者の心理テストに見られる男女の差」吉備国際大学社会福祉学部研究紀要，第9号，pp.75-88，2004 b
15) 坂本宗久『遊びリテーションビデオ』関西看護出版，2004
16) 総務省統計局・統計研修所編「平均寿命（2001年）」『世界の統計2003年版』総務省統計局，2003
17) 竹林滋編「rehabilitation」『研究社　新英和大辞典』第6版，研究社，2002
18) 辻野利子・三田村玲子・小林俊雄「長期療養を必要とする高齢者に対するグループ活動に関する研究」高齢者問題研究，第2号，pp.9-19，1986
19) 野村総一郎・保坂隆共編『総合病院精神医学マニュアル』医学書院，1999
20) 垣内芳幸・大場敏治・川廷宗之・薗田碩哉編『レクリエーション援助法』介護福祉士選書6，建帛社，2000，p4
21) 池良弘『いますぐ使える福祉レクリエーション』中央法規出版，2003

参考文献

1) 浅田幸子他『長寿社会における高齢期の生活経営』家政教育社，1995
2) 井上幸子他『やさしい介護』関西看護出版，2003
3) 坂本宗久・徳増知子『遊びリテーション大辞典』関西看護出版，2003
4) 鈴村健治『老人との上手なつきあい方』ブレーン出版，1998
5) 前田真治『老人のリハビリテーション』第6版，医学書院，2003
6) 小池和幸・薗田碩哉・千葉和夫編『レクリエーション活動援助法』介護福祉士養成講座6，中央法規出版，2003

第10章　老年期に多い精神障害について

　老年期は肉体的老化に伴ってさまざまな病気を生じやすくなるが，なかでも精神障害は日常生活に大きく支障をもたらす．老年期に発症する精神障害はその種類や症状も複雑で多岐にわたるが，ここでは器質性精神障害と機能性精神障害に分けて，それぞれの障害の特徴と対応を学ぶことにする．

　器質性精神障害とは発病の基盤が主に脳の病理学的変容にあり，そのため病像が認知症を呈する場合が多い．代表的な病気としてアルツハイマー型認知症と脳血管性認知症およびその他の初老期に起こる認知症など種類は多い．一方，機能性精神障害は器質性障害以外の精神障害であり，主だった病気として老人性のうつ病，統合失調症（精神分裂病），神経症などが挙げられる．

第1節　アルツハイマー（Alzheimer）型認知症

1．症状と経過

　ある日唐突に生じた健忘に，われわれは加齢と結びつけて考える場合が多い．事実，老年期の認知症は65歳以上の6％，85歳以上では4人に1人の割であると言われる．なかでもその過半数を占めるのがアルツハイマー型認知症（以下，アルツハイマー病と略す）で，その原因は現在も不明な点が多いが病理学的には脳の神経細胞が変質したり，数が減少して脳の萎縮により生ずる認知症であるとされている．病状は老年期初期から緩やかに発症し，ゆっくりと進行していくのが特徴であり，経過は図10-1で示すように進行していく．

　第1期（初発健忘期）では物忘れの段階であり，新しい出来事が覚えにくく忘れやすくなり，自分がしたこと（たとえば食事をしたことなど）を忘れるため，同じ言動を繰り返すようになり周囲の人がはじめてその異常に気付く場合が多い（記憶障害）．置き忘れやしまい忘れが極端に多くなり，新しいことが覚えにくくなるため自分の考えに固執したり，曲解するようになる（たとえば物盗られ妄想など）．意欲が減退し，疲れやすく，ぼんやりして根気がなくなり仕事が続けられなくなる（無気力症）．性格傾向として物忘れにより外界の認知力が弱まり，自己中心的で自閉的傾向を示しやすくなる．

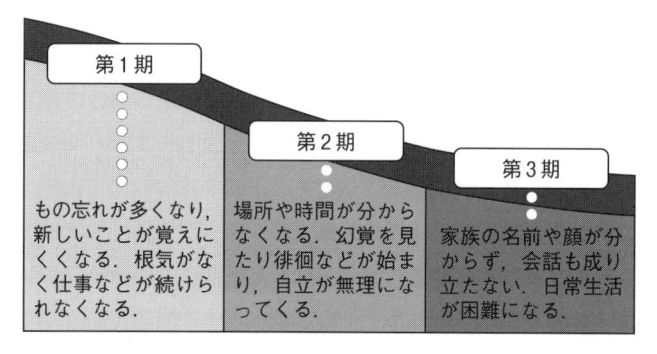

第1期	第2期	第3期
もの忘れが多くなり，新しいことが覚えにくくなる．根気がなく仕事などが続けられなくなる．	場所や時間が分からなくなる．幻覚を見たり徘徊などが始まり，自立が無理になってくる．	家族の名前や顔が分からず，会話も成り立たない．日常生活が困難になる．

図10-1 アルツハイマー型認知症の経過（持田製薬「認知症情報サイト」 http://www.mochida.co.jp）

　第2期（混乱期）に至ると，日にちや時間がわからなくなるとか自分のいる場所がわからなくなる（時・所の見当識障害）．知能の低下が激しくなり，判断力も低下し，複雑な作業はもちろん簡単なことにも混乱が生ずるため日常生活での介助が必要となる（要介護）．言動では物の名前が思い出せず，言い間違いが多くなり，無目的に徘徊したり深夜の行動が目立つようになるなど混乱を示すようになる（失言・失行）．

　第3期（認知症期）には，知能と記憶の著しい低下によって混乱状態に達し，認知症の末期症状を呈するようになる．問題行動（たとえば唐突に泣いたり怒ったり）が見られる一方で，何をしていいのか分からなくただぼう然としている姿がみられる（無為）．言語表現も不自由となり，最後には全くしゃべれなくなる（緘黙）．日常生活では家族の名前や顔すら分からず，会話も成り立たず，時に失禁したり，便こねなど異常行動が増えてくるため生活の全面で介助が必要になる（完全介助）．

2．特徴と対応

　アルツハイマー病の特徴はその発症の原因が脳細胞の変質にあると推測されることと，病気の症状が広範囲にわたり深刻であるという点である．
　まず発症の原因については，先に述べたように現在の時点ではまだ不明な点が多い．しかし病理学的所見では脳の神経細胞と神経細胞の間に老人斑といわれるシミが見られること，また神経細胞の中に神経原線維変化と呼ばれる糸く

ず様の線維が貯まっているのが特徴である．それら細胞の増加によって神経細胞の減少になったと考えられる．脳の活動では神経細胞間の情報伝達物質であるアセチルコリンの役割が大きい．しかし神経細胞の変質により，アセチルコリンを合成する酵素が減少し，逆に分解する酵素が増加することで，脳内のアセチルコリンの量が減少することが認められている．アルツハイマー病の原因はアセチルコリン系の活動の低下によるものであることはほぼ認められているが，神経細胞の変質がなぜ低下させるかが明らかでない．

次にアルツハイマー病の症状の特徴は図 10-2 で示すように病気の中核となる症状と周辺の症状に分けられる．中核となる症状として「記憶障害」「見当識障害」「判断力の低下」があり，これらの症状に付随して幻覚，妄想，徘徊，異食，失禁などといった周辺の症状が生じる．アルツハイマー病の記憶障害は身近な出来事の忘却から古い記憶へと移っていく．見当識障害は時・所の認知障害からはじまり進行すると家族の名前や顔すらも不明となる．判断力は初期にはとっさの判断が欠如して適切な行動がとれなくなり，次第に被害妄想や幻覚が生じると奇声や徘徊などの奇行が見られるようになる．

アルツハイマー病は病気であるため，最良の対応条件は早期発見早期治療である．医学的には頭部 CT（コンピュータ断層撮影）や MRI（磁気共鳴画像）などによって脳の画像診断を行う．一方，知能と記憶の異常についての診断と

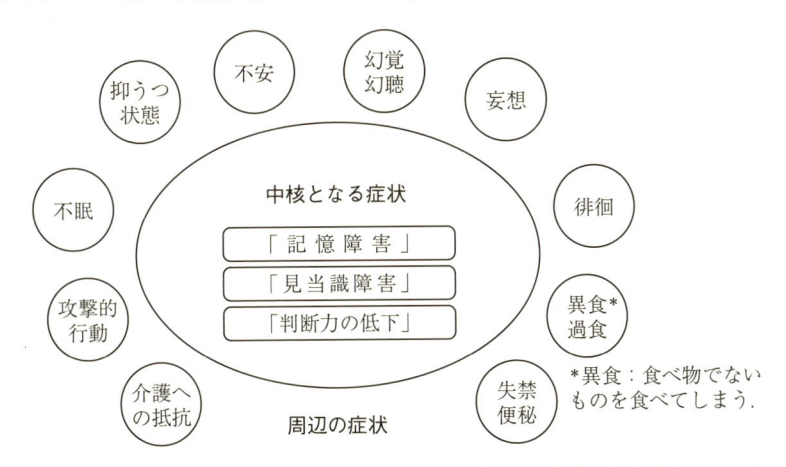

図 10-2　アルツハイマー型認知症の症状の特徴（持田製薬「認知症情報サイト」http://www.mochida.co.jp）

質問内容

①(5点) 今年は何年ですか　　今日は何月ですか
(見当識) 今日は何日ですか　　今の季節はなんですか
　　　　今日は何曜日ですか

②(5点) ここは何県ですか　　ここは何市ですか
(見当識) ここは何病院ですか　ここは何科ですか
　　　　ここは何地方ですか

③(3点) ゆっくりと，互いに関連のない3語，たとえば「みかん，電車，
(記銘)　サル」と言って聞かせ，直後にそのとおりにくり返して言え
　　　　れば3点とします．その単語を覚えておくように言います．

④(5点) 100から順々に，7引くことを5回くり返させます
　　　　(93，86，79，72，65…)

⑤(3点) 約5分たってから，「さっき言った3つの言葉を思い出して言
(想起)　ってください」とたずねます．正しく3つ思い出せれば，3
　　　　点とします．

⑥(2点) 時計を見せて，これはなんですか
(命名)　鉛筆を見せて，これはなんですか

⑦(1点) 「ちりもつもれば，やまとなる」をゆっくり言って，同じよう
(復唱)　にくり返すように言います．

⑧(3点) 紙きれを机の上に並べておいてから，ゆっくり指示します．
(三段階口頭命令)
　　　　「右手でこの紙をとってください」
　　　　「それを半分に折りたたんでください」
　　　　「机の上に置いてください」

⑨(1点) 「眼を閉じてください」と書いてある紙を見せて，そのとおり
(書字命令) を動作でやれるかどうかをみます．

⑩(1点) なにか文章を書いてくださいと指示します．

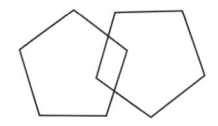

⑪(1点) 下の図を，手本として示して，それを見ながら，同じ図を描
　　　　いてもらいます．

得　点　　判　定　　　　得　点　　判　定
30～24点　正常　　　　　23～20点　軽度知能低下
19～10点　中等度知能低下　9～ 0点　高度知能低下

図10-3　MMSテスト

してはいくつかの知能検査が用意されているが，なかでも改訂長谷川式簡易知能評価スケールや MMS（ミニ・メンタル・ステイトの略）テストが代表的である．とくに MMS テスト（図 10-3）はアルツハイマー病に特有の軽度認知機能障害の有無を知ることができ早期診断に役立つ．病気への対応としては適切な薬物投与と親身な介護である．アルツハイマー病は原因が分からないため「治らない病気」と考えられがちだが適切な投薬によって症状をよくしたり，進行を遅らせることができる．認知症にとって「親身な介護は治療につながる」とも言われるように介助者の接し方によって病状が改善された報告が多くなされている．とくにアルツハイマー病は病気の進行とともに記憶や知能が低下していくが，豊かな感情は残る．命令されれば反発するし，孤独を恐れる．患者の感情を尊重し絆を結ぶことが最良の治療となる．

第 2 節　脳血管性認知症

1. 原因と症状

　脳血管の動脈硬化によって，血管がつまる脳梗塞や血管が破れる脳出血などのいわゆる脳卒中の後遺症として起こる認知症を脳血管性認知症と呼ぶ．

　原因としては脳卒中により脳の血流に障害が生じ，脳細胞に十分な酸素や栄養が供給されず，脳の神経細胞の一部が死んでしまうためとされている．

　症状は脳損傷の部位や程度によってさまざまである．脳血管の障害が大きい場合は手足に麻痺が生じたり，言語障害が生ずるとともに認知症が現れることがある．脳梗塞は小さいが広い範囲に及ぶ場合は歩行障害が生じるとともに意欲が低下し，感情が不安定となって怒りっぽくなるなど性格の変容が見られる．しかし記憶力は割合に保持されているのが特徴的である．梗塞が起こる部位によっては失語症が生じたり，相手の言葉の内容を理解できないといった症状が起きる場合もある．

2. アルツハイマー型認知症との違い

　脳血管性認知症の特徴を知るにはアルツハイマー病と障害の違いを比較することで明らかになる．表 10-1 は両認知症の違いを要因別に整理したものだがそれによって認知症の症状がいかに複雑で多岐にわたるかを理解できる．戦前の

表10-1 脳血管性認知症とアルツハイマー型認知症の比較

	脳血管性認知症	アルツハイマー型認知症
脳の所見	■ 傷害部位	……… 傷害部位
発症	発症が脳卒中以後のため必ずしも高齢とは限らない．また脳卒中の再発のため，段階的に症状が悪化・進展する．また無症状の脳梗塞のためまだら認知症を示すこともある．	症状が徐々に発症し，たえず進行することからいつ発病したのか分からないが，通常は65歳以上が多く，50歳代の発症はかなり稀である．
病識	自分がぼけているという認識があり，末期まで保たれることが多い．したがって気分的に不安定で陰うつな様相を呈しやすい．	初期からぼけの自覚に乏しく，末期に至っても楽天的である．そのため多弁で，時折奇異な行動をとって周囲を驚かす．
性差	一般に男性に多い．その基因として脳卒中の発症率と関わっていると考えられる．	一般に女性に多い．その理由として女性の平均寿命が長いこと，また女性ホルモンの関与が推定される．
人格	認知症の症状が進んでも末期まで人柄が変わることが少なく，やや内閉的な傾向を示すことがある．	人格の変容が激しく，症状が進むにしたがって急速に変わり，末期には別人のようになりやすい．
知的機能	一部の機能が保持されていることが多く，チグハグな印象を与える．また知的機能の低下も少ないのが特徴的である．	記憶力の衰退とともに知的機能が急速に衰え，末期には何もできなくなる．
他の病気	脳の動脈硬化により，脳以外の臓器の疾患（たとえば狭心症など）を併発する場合がある．	一般の臓器の動脈硬化や内蔵の病気を併発することが少ない．
治療	発症の基因が脳血管の障害によるため，手術（シャント法）による治療も可能である．一方，薬剤による治療効果も高く，症状の改善に有効である．	現在では発症の病理的所見に不明な点が多いため，根源的治療に薬剤の治療効果を期待することは難しいが，対処的治療として症状を軽減したり送らせることは可能となっている．

わが国では脳血管性認知症の発症率がアルツハイマー病より多発していたが現在では逆転している．その理由は健康管理が進み，栄養の改善が進んで脳卒中の発症が少なくなる一方で長寿化によってアルツハイマー病の発病しやすい60代以上の高齢者人口が増えたことによると考えられる．このように認知症の出現は環境や生活習慣の影響を受けやすいが，それぞれの病気の特徴と違いを知ることが予防に役立つであろう．

第3節　初老期に発病しやすい認知症

老年期の認知症で，アルツハイマー病や脳血管性認知症などの発症頻度が高いもの以外に，初老期に発病しやすい認知症としてピック病やクロイツフェルト・ヤコブ病などがある．

1. ピック（Pick）病

本病は平均50歳前後の初老期に発症する進行性の認知症である．病理学的には前頭葉，側頭葉，頭頂葉など局所的に高度の萎縮が見られアルツハイマー病のように脳全般の萎縮とは異なる．症状は発病初期から感情の抑制力が減退し，衝動的で反社会的行動や不道徳な行為が目立つなど記憶障害よりも人格の変化や行動の異常が目立つことが多い．病気に対する認識がなく周囲に関係なく自分勝手に振る舞い，他人との共感がなく，テストには不熱心で協力しようとしない．つまり無頓着で不真面目で不熱心な態度が多い．話し方にも特徴があり，日常会話のなかで同じ言葉を何度も繰り返したり，反響言語やどもりなども見られることがある．経過は緩慢であるが徐々に進行して高度の混乱に陥る．

2. クロイツフェルト・ヤコブ（Creuzfeldt-jacob）病

本病は1920年にクロイツフェルトとヤコブの2人の命名による古くから知られた初老期の認知症である．発症の原因は今日ではウィルス系の感染因子によるものとされているが人口100万人に1人程度のきわめて稀な病気である．発現は40歳から65歳の初老期の男性に多く潜伏期間も長い．いったん発病すると急速に悪化していくことが多い．精神症状としては認知症が進むと不安，

苦悶，抑鬱や怒りやすくなるなど感情障害を生じ，時に錯乱状態に陥り幻覚・妄想が生ずることもある．また歩行障害，構音障害，失認，不随意運動など多彩な神経症状が見られ，発症後は数ヶ月の短期間で死に至る場合が多い．

3. パーキンソン病

われわれの運動は中脳の黒質で作られる神経伝達物質ドーパミンによるが，パーキンソン病はドーパミン系神経細胞に障害を生じてスムーズな動きができなくなる病気である．わが国の患者数は人口10万人につき80～100人で発病は50～60歳が最も多い．症状は振戦，筋固縮，無動，歩行障害，姿勢保持障害などの身体症状に加えて抑うつ気分，不安，焦燥感などに悩まされる．病気の進行により無関心や注意力の低下となり，認知症に至ることがある．

第4節 老年期のうつ病

1. 老年期のうつ病

(1) うつ病の概念

この病気では感情状態に異常が見られる．そのため，感情障害 (WHO, 1992) あるいは気分障害 (American Psychiatric Association, 1994) と呼ばれる．この病気は，気分が高揚する躁病 (躁状態)，気分がすぐれないうつ病 (うつ状態) からなる．以前は，躁うつ病と呼ばれた．青年期に好発する．老年期の発症では，うつ病の占める割合が圧倒的に多い．

われわれの生活でもこれと類似した現象が認められる．それは，何か嫌なことがあった時に，落ち込んだりする状態である．この時には，薬を飲む必要はなく，いつの間にか忘れたり，人に話を聞いてもらったり，で元気になる．うつ病では，このような手段により落ち込んだ状態は解消されず，病的な状態が長く続き治療を必要とする場合が多くなる．

うつ病では，感情状態に異常をもたらす原因を，上記のような出来事ではなく，自己の遺伝や脳内の神経伝達物質に求めている．そのため，うつ病は内因性精神障害に分類されている．この仮説は，現在でも研究段階にあり実証されてはいない．同様に考えられている疾患に統合失調症がある．

(2) うつ病の症状
 1) 気分・感情に現れる症状
　うつうつとする，楽しくないなどとしきりに訴える．周りに対する興味や関心を持たなくなる．この状態は，表情・態度にも出る．気分は，朝方すぐれず，夕方わずかによくなる程度である．
 2) 思考に現れる症状
　考えがまとまらない，集中できない，判断がつかないと嘆くようになる．過去を悔やみ未来を絶望的にとらえる．自分は劣っている，自分は駄目な人間だ，こうなったのも自分のせいだ，などの言辞も多くなる．3 大妄想も出現する．
 3) 行動に現れる症状
　表情がうつうつとして，動きが緩慢になる．すべてのことが億劫そうに見える．日常的な身辺整理も行き届かなくなる．この状態は社会生活にも及ぶために，さまざまな支障が出てくる．ひどくなると，反応のない状態に陥る．
 4) 身体に現れる症状
　うつ病には必ず見られる症状である．寝入ることができない，すぐ目が覚めるなどの睡眠障害，何を食べても美味しくないなどの食思不振の他に，便秘，頭痛，四肢末端の冷えなどの自律神経症状が見られる．

2. 老年期うつ病
(1) その特徴
　老年期に発症する内因性のうつ病（以下，老年期うつ病）は，先進工業国では，男性，女性とも 60〜70 歳頃にそのピークが見られる．男性では加齢とともに増加する傾向にある．老年期前期頃までは，うつ病の症状は，1. の (2)「うつ病の症状」に記述した青年期の症状がほぼ見られる．
　その一方で，老年期に特徴的な症状も出現する．それは，2. の (2)「その臨床像」の項で記述する症状である．その症状は多彩である．うつ状態から妄想状態に移行する例．一時的に，せん妄状態を呈する例などさまざまある．青年期のうつ病では，うつ病の症状が上記で記述した通りに見られるために定型の病像，老年期ではそれがはっきりしなくなるために非定型の病像と呼ばれる．

近年，うつ病の発症率は年々増加している．中でも，老年期のそれは顕著である．これが原因で自殺する人が多いことは広く知られている．老年期うつ病が見逃され，治療の機会を失わないよう注意が必要である．

(2) その臨床像
 1) 仮面うつ病の症状
　うつうつした感情，動作の緩慢さが軽いにもかかわらず，眠れない，疲れた，食欲がないなどの身体症状を強く訴える．時に，病気に対する強迫的な心配や恐れを見せる．ここでは身体症状が前景に立ち，精神症状は背後に潜むために仮面うつ病と呼ばれる．
 2) 心気的愁訴の症状
　身体症状を強く訴える．それは治療を施しても次第に身体各所の違和感に変化する．どこか悪いのではという心気的傾向を帯びた訴えは，時に，「頭に堅い棒が入っている」などの体感幻覚様の訴え，心気妄想へと発展する．
 3) 不安・焦燥の症状
　強い不安に駆り立てられ，一時たりともじっとしていられない．表情も苦悶様になる．時に，自殺企図や自殺に結びつくこともある．注意を要する症状である．これは不安・焦燥うつ病あるいは激越性うつ病とも呼ばれている．
 4) 妄想の症状
　「ガンである」という心気妄想，「一文なしである」という貧困妄想が多く見られる．他に，「内臓がない」という虚無妄想，「死ぬことができない」という不死妄想，「邪魔にされる」という迫害妄想も見られる．
 5) 仮性認知症の症状
　動作，反応が緩慢のために，何を質問されてもおぼつかない返答に終始する．正答はほとんど得られない．この症状が顕著な時には，うつ病性仮性認知症と呼ぶ．そのため，器質性認知症が疑われたりする．
 6) 自殺念慮の症状
　不安・焦燥の症状，心気症状，妄想の症状などを強く訴える時に見られる．前二者を持つ老年期うつ病ではとくに注意が必要になる．また，病初期と回復期も自殺企図や自殺の危険は増大する．

7) 意識障害の症状

老年期には，身体疾患に罹患した時に，基礎体力の低下も手伝い，意識が混濁しせん妄状態が見られる．うつ病相では，食思不振による低栄養状態，治療薬の影響により，2次性障害としてせん妄状態が出現する．軽度の場合には，ぼんやりしているとしか映らない．これはうつ病に必発の症状ではない．

3. 発症要因と紛らわしい症状

(1) 発症要因

老年期では，身体が弱くなり病気にかかりやすくなったり，経済的基盤が失われたり，配偶者の死に遭遇したり，する．これらのストレスフルな出来事は，老年期の人々にうつ病の発症の機会を提供する．また，この出来事をどう受け止めるかの性格もうつ病の発症に強く関わってくる．

具体的には，糖尿病，高血圧症などの病気，退職，配偶者の死などの出来事がそれにあたる．老年期では，これらの出来事がこの時期にある人々に激しいショックを与えると考えられている．とくに，循環気質（例：活発，物静か），メランコリー親和性格（例：几帳面），執着気質（例：強い責任感），強迫傾向（例：徹底性）の人では，上記の出来事が引き金になりうつ病の発症をみることになる．

そもそも，内因性という場合には，うつ病の原因となる誘因なしにあるいはわずかな誘因により発症することが条件となる．老年期うつ病では，見てきたように，内因，外因（うつ病の原因となる身体疾患），心因（性格や環境）が複雑に絡み合って発症する例が多く見られる．老年期では，これらを厳密に区別できない症例が多い．忘れてはならないことである．

(2) 紛らわしい症状

老年期うつ病の症状には，いくつか他の疾患と見誤る症状がある．それは①神経症によるうつ状態，②脳器質性疾患によるうつ状態，③身体疾患によるうつ状態，④治療薬によるうつ状態，などである．

なかでも，うつ病性仮性認知症（うつ病性偽認知症とも呼ばれる）はその代表格である．ここでは，反応が遅く簡単なことを質問されても要領を得ないこ

とが多かったり，あるいは訴えが芝居じみて，簡単な足し算，引き算もできない，などがよく見られる．それはあたかも器質性痴呆の人そのものに見える．仮性認知症では，うつ病相が消失すると同時にこれらの認知症様症状も改善する．

他には，神経症によるうつ状態はうつ病と見誤られる．ここでは，表情態度が状況により変化し，自己批判や自分を責めることはなく他者批判がよく見られる．自殺念慮が軽度であることも特徴である．神経症のうつ状態には，うつ病の定型の病像が見られないにも関わらず，うつ病とよく間違えられる．

4. 経過と予後

老年期うつ病は，老年期前期頃までは，青年期のうつ病の経過と予後は変わらないとされる．しかし，老年期中期，後期になるに従いこのパターンは崩れ，治療に反応しにくく，症状も慢性化する．

老年期うつ病では，加齢とともに自殺による死亡数も増加する．速やかな診断と治療が期待される．また，家族内あるいは地域社会での支援の有無も経過や予後に影響を与える．治療システム，サポート・システムの確立がまたれる．

第5節　老年期の幻覚・妄想状態

1. 老年期の幻覚・妄想状態
(1) 幻覚・妄想について

実際には起こっていないのに，「夜になると誰かが家に侵入する」，実際にはあり得ないのに，「自分の悪口が聞こえてくる」など，あたかも現実であるかのごとく思いこみ，不安に陥ったり，興奮したりする人々がいる．これらの病的体験は，前者を妄想，後者を幻覚と呼んでいる．

幻覚・妄想の出現はつねに統合失調症が疑われる．この病気では考え方に異常が見られる．意識清明時に起こる幻覚・妄想状態はその現れである．これにより，現実は大きく歪められる．青年期に好発する．

統合失調症では，病的体験を現実のことであると確信し，さまざまな行動異常が見られる．この病的体験下では，自分の病気にその原因があるという認識（病識）を欠くようになる．統合失調症は，思考に異常をもたらす原因を自己

の遺伝や脳内の神経伝達物質に求める内因性精神障害に分類される．

老年期の幻覚・妄想状態は，器質性・症候性精神障害でも見られる．ここでは，感情障害と同様に機能性精神障害と考えられる統合失調症（遅発性）（古茶・濱田，2002），ならびに持続性妄想障害（WHO，1992）のみを扱うことにする．以前は，前者は遅発性分裂病，後者は妄想症と呼ばれていた．

(2) 統合失調症の症状

統合失調症は，陽性症状の時期（幻覚・妄想の病的体験が顕著），陰性症状の時期（意欲減退，感情の平板化が顕著）に分けられる．急性期には前者が，慢性期には後者が見られる．慢性期には，人間らしい高等感情の低下などが見られる．これは人格変化といわれる．以下に，症状の特徴を記述する．

1) 気分・感情面に現れる症状

急性期では，不安，病的体験に左右された怒り，悲しい状況で笑うなどの場にそぐわない感情の動き，が見られる．慢性期では，これらも姿を消し，感情の動きは少なくなる．また，感情は敏感さ，鈍感さが混在したものとなる．

2) 思考に現れる症状

急性期では，自分を批判する声が聞こえる，などの幻聴，周りが自分の悪口を言っている，などの妄想が見られる．慢性期には，自分は救世主である，などの妄想が出現する．

3) 行動に現れる症状

急性期では，自分の行動が誰かに操られていると攻撃的になったりする．時に，症状に左右され行動異常が見られる．慢性期には，症状に無関心になり，自発性も著しく低下し，身辺整理もままならない，などが見られる．

4) 身体に現れる症状

急性期には，体のどこかがおかしい，頭が痛い，眠れない，疲れる，などさまざまな症状を訴える．慢性期には，特有の症状を見なくなる．

2．統合失調症（遅発性），持続性妄想障害

(1) その特徴

老年期には，幻覚・妄想状態を呈することが多い．それは青年期に劣らない．

しかし，老年期に発症する統合失調症（遅発性）だけに標準をあわせると，その数は圧倒的に少なくなる．一方で，老年期には，非統合失調症性の持続性妄想障害が多くなる．

統合失調症（遅発性）では，先に述べた統合失調症の症状が認められるものの，青年期のように症状がはっきりしない非定型である．そのために，統合失調症（遅発性）は青年期に発症するものと同じ疾患であるのか？　という意見もある．それは，両者の幻覚・妄想の内容と人格変化の有無などを根拠としている．

幻覚・妄想は，青年期では，観念的・抽象的であるが，老年期では，「通帳を盗まれた」，「食事に毒を入れられた」など具体的である．同様に，青年期では，自分に害を及ぼすという妄想の対象が，周囲の世界全体・誰かわからないなど漠然としているのに対して，老年期では，身近な人に限定される．

人格変化は，青年期では相当数見られるのに対して，老年期ではその数が少なくなる．これらはそのまま統合失調症（遅発性）の特徴でもある．

(2) その臨床症状
1) 統合失調症（遅発性）
人生後半期（45歳以降から老年期にかけ）になり発症する統合失調症のことである．女性に圧倒的に多い．以下に，2つのタイプのみを記述する．
①遅発パラフレニー群
　妄想型:相手は，自分の行動のすべてを知っている．風呂に入ると，ドアを叩いて邪魔をする．寝入った頃に，わざと大きな音を立てて寝るのを妨害する．何とかして欲しい，と警察などに相談する．妄想以外の病的体験は，他に認められない．人当たりもよく，人格は比較的保たれている．パラノイアとの異同が問題になることがある．他に，幻覚・妄想型がある．人格は同様に保たれる．
②遅発緊張病群
　完全型:初期には，気が滅入る，などを口にする．次第に，落ち着きがなくなり，感情の起伏が激しくなる．最後は，ひとことも口をきかない，常動姿勢，など緊張病性の症状を呈する．回復後は，生き生きとした感情の動きが

見られない，などの人格変化が認められる．
　その他に，緊張病性の症状を持たない人格変化を認める不全型がある．

2) 持続性妄想障害
妄想そのものは統合失調症に類似の症状である．それらは統合失調症，感情障害，脳器質性疾患に分類できない．以下に，2つのタイプのみを挙げる．

①パラノイア
　一定の性格傾向（独断的，狂信的，偏執的）を持つ人が，ある体験を契機に，自分が侮辱されたと思い込み，それを証明するためにさまざまなことをする．この観念は揺るがず体系化される．攻撃の対象は限られた人間である．日常生活では，上記症状を除けば，態度・行動は健康な人と変わりない．人格も保たれる．

②皮膚寄生虫妄想
　虫が皮膚の下に寄生しているとする妄想を主症状とする．この確信のために，薬を塗布したり，強迫的に掃除をしたりする．病識はない．治療のために病院を転々とする．虫と称してゴミの類を持参する．この虫の存在は，掻痒感ないし痛みを伴っている．日常生活は，この支配観念以外に，異常を思わせるものは存在しない．人格も保たれる．

3. 発症要因と紛らわしい症状

(1) 発症要因
老年期は，思春期から中年期の発達課題を乗り越えてきた人々の集まりである．また，内因性精神障害の危機といわれる年齢も通過してきた人々でもある．その人々が老年期になぜ統合失調症（遅発性）を発症したり，非統合失調症性の妄想状態を呈するに至るのか？

老年期には，内因性精神障害といっても，個人の生物学的身体因はその発症に関与する度合いは少ない．接触欠損妄想はその好例である．老年期には生活環境の持つ意味が大きくなる．それは，内因性うつ病で述べた通りである．

老年期は性格も尖鋭化する．それは妄想にも反映される．事態の受け止め方により，現実は大きく変化する．パラノイアはその典型である．

老年期では，心身諸機能の低下，心理・環境要因の変化が激しい時期である．

彼らは，幻覚・妄想を持つことで，自分の世界を守ろうとしている（自閉世界への安住）のかも知れない．

（2）紛らわしい症状

統合失調症（遅発性）あるいは持続性妄想性障害は，老年期に見られる他の幻覚・妄想状態と区別するには想像以上の困難がある．機能性精神障害，器質性・症候性精神障害に分け，それを記述する．

統合失調症（遅発性）の心気妄想，持続性妄想性障害の皮膚寄生虫妄想は，老年期うつ病に見られる心気妄想，神経症圏の心気症状と見誤られる．

統合失調症（遅発性）の被害妄想は，アルツハイマー病，脳血管性認知症など知能低下に基づく，物盗られ妄想などと見誤られる．また，認知症にせん妄を合併した時の幻覚・妄想状態の症状は多彩であり，同様の誤りが発生する．

統合失調症（遅発性）の幻覚・妄想状態は，急性・一過性のせん妄のかたちをとる身体因が関与する症候性の幻覚・妄想状態と類似している．後者は意識レベルが下がる夜間に出現する．これも同じく見誤られる．

4．経過と予後

統合失調症（遅発性）の経過は，類型や症例により異なる．遅発パラフレニー群では，妄想内容は形骸化し，最後は自閉的な生活になる．持続性妄想障害では，訴えはおさまってゆくものの，背景には存続するようである．いずれにせよ，彼らの環境調整は，経過と予後に良い影響をもたらすと考えられている．

第6節　老年期の神経症

1．老年期の神経症

（1）神経症の概念

われわれの生活では，日々の出来事から生じる悩み，精神的なことから生じる悩み，などに遭遇する．その程度によっては，落ち込んだり，体調が悪くなったり，日常生活にも支障が出ることもある．健康な人では，この時に生じた症状は，長くは続かない．

神経症では，上記の悩みは，落ち込んだり，体調が悪くなったりなど精神症

状，身体症状となり，それが慢性的に継続することになる．性格の関与の少ない現実神経症とその色彩の強い防衛神経症がある．青年期に好発する．

　神経症では，内因性精神障害と異なり，自分が病気であることを認識し，その苦しみを治療者に訴える．その内容は，無理もないことと納得させられることが多い．また，この症状は彼らの現実を歪めることはない．

　神経症では，反応性に生じる症状の原因を，ストレス事態，精神的葛藤，性格などに求めている．そのため，神経症は心因性精神障害に分類されている．心因反応，心身症も同様である．ここでは，前者は症状が精神病水準に及ぶために，後者は紙面の都合で記述を省略する．神経症の用語は，ICD-10（WHO, 1992）にわずかに残っている．DSM-IV（American Psychiatric Association, 1994）では，これを見ることはできない．

2. 老年期神経症
(1) その特徴

　老年期では，神経症が原因で神経科を受診する人は，歳をとるにしたがい減少する．一方，神経科以外の科を受診する神経症者，未受診のままの潜在例は多くなると推定されている．老年期神経症は，青年期のそれと本質的な違いは存在しないものの，老年期の特徴が色濃く認められる．

　老年期は心身の諸機能の低下，心理・環境要因の変化が顕著な時期である．とくに，老年期に初発する神経症（以下，老年期神経症）では，病気をするようになった，友人が死亡した，生活の水準が下がった，などの老年期に起こる現実の変化が引き金になり症状が形成される．青年と異なる点である．

　その症状は，①心気神経症，抑うつ神経症，不安神経症あるいはその混合型が大多数を占める，②青年期に見られる典型的な病像は姿を消して非定型の症状となる，③これに心身の諸機能の低下あるいは身体疾患が加わると，さらに症状は多彩・複雑になる，④症状は慢性化する傾向がある，などが特徴となる．

　以下に，神経症の各類型を挙げる．これらには老年期神経症の特徴が反映されている．

(2) その臨床像

1) 抑うつ神経症

　うつ状態を主症状とする．その症状は，うつうつとする，楽しくない，何にも興味が湧かない，考えがまとまらない，物を覚えられないなどの精神症状，疲れやすい，眠れないなどの身体症状が見られる．神経症のうつ状態は，内因性うつ病のそれと比べ，動作緩慢，自分を責めるなどが軽度である．ゆえに，反応性うつ病と呼ばれたりもする．この型は，老年期に遭遇する退職，友人のの死など喪失体験により誘発される．

2) 心気神経症

　心気症状を主症状とする．身体の違和感に過度の関心をむけ重大な病気ではないかと取り越し苦労をする．その内容は，疲れやすい，頭が痛い，腰が痛いなど多種多様である．彼らは，これらの症状が重大な病気の徴候ではないかと心配する．医師の説明により安心するものの，すぐに同様の訴えをするに至る．自分の考えに固執し病院を転々とする場合もある．老年期では，訴えがはっきりしない，日によって訴えが変わることが特徴となる．

3) 不安神経症

　不安反応を主症状とする．症状は，突然激しい不安に襲われ，息苦しい，ドキドキする，汗をかく，震えるなどが見られる．時に，死ぬのではないかという観念に襲われる．ここでは，「再度，起こるのでは？」という予期不安が形成される．また，不安発作は軽いものの，絶えず不安に脅かされ，ドキドキする，汗をかくなどの身体症状が見られる型，両者の混合型もある．老年期の不安反応は，青年期，成人期のそれに比べ強烈ではない．

4) 恐怖神経症

　特定の対象，状況に強迫的とも言える恐怖感を訴えることを主症状とする．その対象は，疾病，乗り物，人間，動物などさまざまである．これに対する不安は，条件づけられる傾向がある．そのため，同じような状況では，失神などの恐慌状態を呈することもある．また，慢性化すると恐怖の対象を回避する行動が見られる．老年期では，さまざまな病気を恐れる疾病恐怖が顕著になる．

5) ヒステリー

　多彩な症状を主症状とする．身体に表現される症状，意識に表現される症状，

がある．前者では，声が出ない，歩けない，聞こえない，見えない，便秘，汗が出るなどが見られる．後者では，もうろう状態，物忘れ，でたらめ応答などが見られる．これらの症状は，心の葛藤が防衛されたものである．老年期では，典型的な症例は少ないものの，ヒステリー性と考えられるものは多い．

6) 強迫神経症

強迫思考・強迫観念と強迫行為を主症状とする．前者では，健康な人でも体験するものから，奇異な内容のものまである（例：ガスの元栓を閉めたか？ 自分が自殺するのではないか？）．後者では，強迫観念の出現により強迫行為（例：気がかり→確認作業）を行うことになる．本人は，ばかばかしいと考えているにも関わらず，いずれも儀式的な思考や行為を完結させないと不安は高まる．老年期ではこの型は少ない．

7) 離人神経症

離人症状を主症状とする．それは，外界（例：生き生きと周囲が感じられない），自己（例：自分の考えが自分のものとして感じられない），身体（自分の手足が自分のものでないようだ）に及ぶものである．この症状は，自分が発狂するのではないかという恐怖を植え付ける．老年期ではこの型は少ない．

3. 発症要因と紛らわしい症状

(1) 発症要因

老年期は心身の諸機能の低下，心理・環境要因の変化が顕著な時期である．これは老年期にある人であれば誰もが避けられない．老年期を迎えた健康な人々では，日々降りかかる出来事を加齢とともに受容することにより，出来事から生じる葛藤性を少なくしていると推測される．この過程は，この時期にある人々の発達課題でもある．

老年期神経症では，これらの出来事を自覚しながらも，一方でこれを否定することで葛藤の中に身を投じていくことになる．そのため，たとえば，身体の衰退という出来事に適応できない人では，知人，身内に慢性難治性疾患の人が出たりすると，疾患に過度に不安を抱き，自分が罹患していないにも関わらず，心気神経症状態を呈することになる．

人間は，丸山（1987）も触れているように，個々に「アキレス腱」を隠し持

っており，それが状況との関連で神経症症状を表面化させる．別の表現をすれば，老年期のこの症状は挫折した欲求の代弁，心理的逃避であるとも言える．元来，神経症は性格因，環境因により発症する．老年期ではこの公式が崩れ，性格因を残しながらも，環境因が優勢となり発症に至ることは注目に値する．

(2) 紛らわしい症状

丸山（1987）は，老年期神経症の診断の難しさを，①神経症の成り立ちの複雑さ，②多彩な症状，つまり混合的で非定型性，③あらゆる疾患がマスキングされて神経症の症状となる，に求めている．

日常の臨床で体験する例を以下に挙げる．内因性うつ病のうつ症状，統合失調症の心気症状，強迫症状，離人症状，脳血管性障害のうつ症状は，神経症の症状と見誤られる．薬物が誘発する神経症様症状も同様である．また，神経症の要件を満たす意識障害様の症状，脳梗塞様の症状，幻覚・妄想様の症状は別の疾患と見誤られる．

老年期では，老年期前期，中期，後期になるに従い，上記症状が複雑に絡みあって診断をより困難なものにする．老年期神経症は，すでに述べた通り多元的な見方を必要とする疾患である．

4．経過と予後

老年期神経症の経過は，類型や症例により異なる．同じ神経症でも，性格因が関与した症例では，葛藤がなかなか解消されないために，その経過は長い．環境因が関与した症例では，その原因が解決されれば，経過自体は短くなる．

老年期神経症は，症状そのものよりも，本人を取り巻く状況因子（これが個人にどのような意味を持つか；心因より広い概念）がその予後を決定する．彼らが孤立しないよう実効的な対策が期待される．

引用・参考文献

1) 加藤伸司編『痴呆性老人の心理学』中央法規，1992
2) 下仲順子編『老年心理学』培風館，1997
3) 長谷川和夫編『アルツハイマー病』からだの科学増刊，日本評論社，1992

第6節　老年期の神経症　159

4) 長嶋紀一・佐藤清公編『老人心理学』建帛社，1990
5) 室伏君士編『痴呆老人の理解とケア』金剛出版，1985
6) American Psychiatric Association, *Diagnostic and statistical Manual of Mental Disorders*, Forth Edition (DSM-IV), American Psychiatric Association, Washington DC, 1994（高橋三郎・大野　裕・染矢俊幸訳『DSM-IV 精神疾患の統計マニュアル』医学書院，1996）
7) 浅倉幹雄「気分障害」長谷川和夫監『老年期精神疾患治療のためのストラテジー』ワールドプランニング，1994
8) 笠原洋勇「老年期うつ病」松下正明総編集『臨床精神医学講座4　気分障害』中山書店，1998
9) 大森健一「老年期のうつ病」島薗安雄他編『図解臨床精神医学講座7　老年精神医学』メジカルビュー社，1987
10) 大森健一「老年期のうつ病の病態」第1回老年精神障害懇話会記録集　老年期の神経症・うつ病，エーザイ，1988
11) 杉本直人「老年期の内因性精神病およびその類縁疾患」『現代精神医学大系18　老年精神医学』中山書店，1975
12) 澁谷治男「大うつ病性障害」松下正明総編集『臨床精神医学講座4　気分障害』中山書店，1998
13) 坂元　薫・田中朱実「機能性精神障害」松下正明総編集『臨床精神医学講座12　老年期精神障害』中山書店，2002
14) 武正健一『精神医学サブノート』南江堂，1989
15) World Health Organization, *The ICD-10 Classification of Mental and Behavioural Disorder;Clinical Description and Diagnostic Guidelines*, WHO, Geneva, 1992（融　道男・中根允文・小見山　実訳『ICD-10 精神および行動の障害－臨床記述と診断ガイドライン』医学書院，1993）
16) 本間　昭・根岸　了・池田一彦「老年期の幻覚・妄想状態」島薗安雄他編『図解臨床精神医学講座7　老年精神医学』メジカルビュー社，1987
17) 一宮　厚・尾籠晃司「老年期精神障害 A.原因・分類」松下正明総編集『臨床精神医学講座12　老年期精神障害』中山書店，2002
18) 柄沢昭秀「老年期精神障害の分類」長谷川和夫監『老年期精神疾患治療のためのス

トラテジー』ワールドプランニング，1994
19）古茶大樹・濱田秀伯「遅発分裂病」松下正明総編集『臨床精神医学講座3　精神分裂病Ⅱ』中山書店，2002
20）室伏君士「精神障害者と老化」島薗安雄他編『図解臨床精神医学講座7　老年精神医学』メジカルビュー社，1987
21）村上靖彦「持続性妄想障害」松下正明総編集『臨床精神医学講座3　精神分裂病Ⅱ』中山書店，2002
22）塚本　徹「幻覚・妄想状態」長谷川和夫監『老年期精神疾患治療のためのストラテジー』ワールドプランニング，1994
23）竹中星郎「精神分裂病，老年期特有の妄想・幻覚状態」松下正明総編集『臨床精神医学講座12　老年期精神障害』中山書店，2002
24）藍沢鎮雄「老年期の神経症の病態」第1回老年精神障害懇話会記録集　老年期の神経症・うつ病，エーザイ，1988
25）藍沢鎮雄「神経症・心身症・人格障害」長谷川和夫監『老年期精神疾患治療のためのストラテジー』ワールドプランニング，1994
26）星野良一・伊豫雅臣「不安障害」松下正明総編集『臨床精神医学講座12　老年期精神障害』中山書店，2002
27）市丸精一・島田　修「老年期の精神障害　C.神経症その他」懸田克躬他責任編集『現代精神医学大系18　老年精神医学』中山書店，1975
28）丸山　晋「老年期の神経症」島薗安雄他編『図解臨床精神医学講座7　老年精神医学』メジカルビュー社，1987
29）大熊輝男『現代精神医学』改訂第6版，金原出版，1995
30）田代信維「神経症性障害の成因」松下正明総編集『臨床精神医学講座5　神経症性障害・ストレス関連障害』中山書店，1997

第11章　老年期の精神障害への対応

第1節　脳器質性精神障害への心理的対応（1）

1. 認知症について

　認知症を引き起こす原因となる疾患は数多くある．今日では，脳の器質的変化によるものだけではなく，中毒や代謝性障害によるものも含め，従来より広い認知症概念が用いられている．ここで取り上げる認知症は，すでに見たように，認知症が脳の器質的変化により生じるアルツハイマー病，脳血管性認知症を指すことにする．認知症の症状は中核症状と周辺症状に大別される．

　前者では，記憶，理解，判断などを含む知的機能，感情・意欲の機能，人格の機能などに障害が見られる．その反面，注意力，単純な感情刺激への反応など比較的下位の脳機能はよく保たれる．これらの症状（障害）の出現は，認知症性老人の日常生活に甚大な影響を及ぼすようになる．

　認知症は慢性および進行性の経過を辿るために，今日，薬物療法により認知症状態を改善することは困難であると考えられている．そのため，認知症の対応に関しては，何ら効果的方法は見あたらないとする悲観的な考え方（認知症のニヒリズム）が見られることもある．ここでは，認知症の中核症状に対する心理的対応を見ていくことにする．

2. 認知症性老人への対応

　老年期には認知症が起こりやすい．現在行われている薬物療法は，認知症を改善するものではなく，その進行を抑制するものである．そのため，認知症の進行を予防する最も有効な手段は，適切な対応であると言われている．

　認知症は，知的機能，感情・意欲の機能，人格の機能へ甚大な障害を与える．その影響は，彼らの日常生活動作能力（activities of daily living；ADL）にも反映される．さらに，認知症の進行は，自立能力を奪い，日常生活動作能力を悪化させる．そこでは，基本的生活習慣を維持することすら困難になる．

　認知症性老人への対応は，この悪循環を断ち切るための小さな抵抗でもある．そのため，介護者は，介護技術の他に，抽象的な手法ではあるが心理的対応の

原則をよく知る必要がある．

その対応の原則は，①病人扱いしない，②孤独にさせない，③なじみの人と生活させる，④なるべく自分でやってもらう，⑤叱らない，⑥あら探しをしない，⑦どんな言動も受け止める，⑧親しみをもって接する，⑨ゆっくりはっきり話しかける，⑩難しい言葉は使用しない，⑪情報は簡潔に伝える，⑫その人に合った対応をする，などである．

これらの対応は，受容的であるために，認知症性老人の歩みに合致する．これにより，認知症性老人は，自らの生活のリズムや生活感覚で，生きることを保証される．そこには安心や居場所がある．人間としても認められる．以下では，2つのタイプに対する対応を見てみる．

3. 認知症の種類による対応
(1) アルツハイマー病への対応

アルツハイマー病では，広範な脳の器質的な変化により認知症が出現する．そのため，早期から知的機能，感情・意欲の機能，人格の機能などに症状が見られる．彼らへの対応では，徹底的に合わせることが求められる．

1) 認知症の理解

彼らは残された知的機能で生活している．それは誤りの多い生活である．これが認知症の世界である．この世界の訂正は，彼らの世界に混乱が生じることになる．彼らの表現を受け止めることは，彼らが安心して生きていける場を保証することでもある．また，われわれが認知症の世界を理解する第一歩にもなる．

2) 相手のペースへの接近

彼らの行為・行動は，健康な人から見れば，イライラの対象となる．また，援助と称して手助けをする口実の材料にもなる．彼らは，自分のペースを守ることで安定した世界を維持している．このペースを乱されることは，彼らにとっては苦痛以外の何ものでもない．

3) 感情への接近

彼らは，知的機能の低下は認められても，感情の機能は比較的よく保たれている．知的な接近は拒絶されても，気持ちが通じるような接近は受け入れ可能

である．この対応は，彼らとなじみの関係を築いていくのに是非とも必要なことである．

 4) 過去への接近

 彼らは，古い記憶のみで生きていることが多い．コミュニケーションの窓口は，そこに開かれている．彼らは数日前の会話の内容は忘れても，彼らが生きていると思っている時代の話題や歌などはいつでも想起可能である．彼らが孤立しないで生きていくには，残されている機能に着目していく必要がある．

 5) 好み・関心への接近

 彼らは，意欲が低下し何事にも無関心になってくる（病期により意欲は亢進する）．そのために，寝たきりになり，認知症化が促進される．彼らの生活には適度の刺激が必要である．彼らの好み・関心を知り，自主的に参加できるような会の設定が必要である．それは彼らに生きる楽しみを与える．

(2) 脳血管性認知症への対応

 脳血管性障害では，ほぼ多発脳梗塞により認知症が出現する．脳機能は一様に障害を受けることはない．症状は，残された機能と失なわれた機能となって対照的に見られる．彼らへの対応では，納得をはかることが求められる．

 1) 認知症の理解

 彼らは，記憶の障害は高度であるにも関わらず，理解力，判断力は残存している．また，人格の核心部分は維持されている．そのために，些細なことに反応して，感情的になる．まだら認知症といわれる所以である．彼らへの対応では，われわれの認知症観の変更を余儀なくされる．

 2) 感情への接近

 彼らは，施設にいても家族のことを心配したり，自分の将来を心配したり，する．そのために，不安・焦燥状態，抑うつ状態などが見られる．このような心配に対しては，彼らの納得のいくような対応（家族の面会，話を聞く，など）が必要である．ストレス事態は，彼らの感情不安定性をより促進させる．

 3) まだらへの接近

 彼らは，できるものとできないものの差が激しい．その場合には，できないことを指摘するのでなく，ヒントを与えながら，支持的な雰囲気の中で，理解

が進むよう努める必要がある．それが彼らの自信につながり，感情の安定化，意欲の向上にも繋がる．リハビリテーション的な目線も重要である．

4）自己中心性への接近

彼らは，自分より障害の重い人を軽視したり，仲間はずれにすることがある．この場合，対人関係の調整に追われるあまり，一方的に注意すると，反発で返ってくる．彼らの自尊心は保たれている．対応に当たっては，人格を十分に尊重して，良好な人間関係の中で問題解決にあたる必要がある．

5）廃用性への接近

彼らは，片麻痺やパーキンソニズムのために，行動を控えることが多い．それは寝たきりの生活や認知症化につながる．運動制限のない歩行可能な人，車椅子の人は，自主的に外出ができるよう配慮が必要である．それは筋力の低下や下肢の拘縮を防ぐことになる．また，知的機能への刺激にもなる．

4. 生活の質への配慮

アルツハイマー病では，介護者が疾患に対する知識を持ち，彼らの心理を理解し，彼らの感情やプライドを尊重しながら，失敗の連続である日常の世界を認める対応が期待された．その対応は，彼らに安心して生活を送ることのできる場を提供すると考えられている．

脳血管性認知症では，介護者が上記と同じ立場にたちながらも，残存する能力を維持しようとする対応が期待された．その対応は，彼らに生きる力と諦めない気持ちを生み出すと考えられている．

これらの心理的対応は，認知症そのものの改善に結びつくものではない．しかし，認知症であるという理由で不適切な対応をすれば，認知症の進行は急激であろうことは想像に難くない．われわれが介護するのは認知症そのものではなく，認知症を持つ人間である．そこには，人間的な対応が必要になる．それが認知症の進行の防止に役立つのである．

最近，認知症性老人の日常生活動作能力ばかりではなく生活の質（quality of life；QOL）への配慮が叫ばれている．これは，認知症のために，日常生活に支障が生じ，人間らしい生活ができないことを指している．認知症を持つが故に当たり前の生活を送れないのはおかしいという考え方である．

われわれの社会は確実に変わってきている．一昔前であれば，多くの差別と偏見に基づき，さまざまなサービスを提供されるだけで，認知症性老人は幸福であるはずと考えられてきた．今になってみれば，それは健康な人々の奢りであることがわかる．認知症性老人は，死の瞬間まで人間であり続けるのである．

第2節　脳器質性精神障害への心理的対応（2）

1．周辺症状について

脳の器質的変化に基づいて現れる認知症では，記憶，理解，判断などを含む知的機能，感情・意欲の機能，人格の機能などに障害が見られる．これは中核症状と呼ばれ，その治療は困難である．

認知症ではこの中核症状の辺縁にほぼ同時に起こる多彩な症状が見られる．これは周辺症状と呼ばれる．この症状は，認知症の全経過を通じて見られる訳ではなく急激に発現する．また，認知症性老人のすべてに発現する訳ではない．この症状は，治療可能である．

アルツハイマー病では，妄想，徘徊，異食，失禁，介護への抵抗などの周辺症状が見られる．脳血管性認知症では，抑うつ，不安・焦燥，興奮・不穏，せん妄，幻覚・妄想，心気症状などが見られる．2つの疾患に見られる周辺症状は，精神症状と行動障害に分けられる．

周辺症状の発現は，認知症を必要以上に重く見せる傾向がある．これが持つ意味については，彼らの人格を含めた認知症の症状の全体把握とその背景を考えることなしには出てこない．

2．周辺症状の意味

認知症に見られる周辺症状は，器質的要因のみではなく，身体的要因，心理的要因，環境要因などが複雑に絡んで発現する．そのため，認知症性老人の周辺症状は，現在いる環境への警鐘という側面を持っている．

彼らの周辺症状は，自然発生的に見られるものではなく，意味や目的を持っている．彼らは，何らかの原因，あるいは他者への訴え，などのために，周辺症状を発現させる．

周辺症状には，認知症性老人の怒り，不満，不安などが凝縮されている．そ

れは，健康な人々のように，彼らが言葉でもって自分の気持ちを伝えることが困難であるために起こる．

認知症の周辺症状の改善には，環境の調整，心理的接近，薬物療法など総合的な対応が必要である．これは，彼らの日常生活動作能力の向上，生活の質の向上につながる．また，これは認知症の進行の抑制にも効果的である．

一見，無意味にも見える周辺症状の背後には，彼らの魂の叫びがある．介護者は，症状発現の要因を分析する能力とその意味を汲み取る感性が必要とされる．以下では，周辺症状をいくつか取り上げ，その対応を見てみる．

3. さまざまな周辺症状への対応
(1) 精神症状への対応
1) 妄想

妄想の中でも物盗られ妄想が多く見られる．この症状は，物を置いた場所を忘れることにより発現する．彼らは，物が見あたらないと短絡的に盗られたと考え，大騒ぎをする．身近にいる介護者がその対象になる．その攻撃性は激しいものがある．

遭遇した場合には，感情的にならずに，一緒に探すぐらいの心のゆとりが必要である．その際，一人で探して相手に渡すと，さらに疑いが強まることもあるため，彼らの手で探すように誘導することが期待される．他の妄想に対しても，肯定も否定もせずに，じっくり聞き入る態度が必要である．

2) 抑うつ状態

認知症の抑うつ状態は，内因性うつ病のそれより，抑うつ感情，不安，絶望感が強く発現する．認知症の初期にこの傾向が強く見られる．時には，自殺に発展することもある．抑うつ状態では，朝方よりも，午後から夕方にかけて気分が良くなる．判断力の低下が顕著である，などの特徴がある．

対応に当たっては，彼らの調子をみはからって，誘導する配慮が必要である．親切心から行う励まし，説教などは，彼らの自信を失わせ，絶望につながるために厳禁である．他に，抑うつ状態では，身体面にもさまざまな症状が発現するために，注意深い観察が必要である．

3）せん妄

認知症では，日中は穏やかであった認知症性老人が，夕方から夜間にかけ，妻が迎えに来ている，などと不穏になることがある．この現象は，何らかの誘因により意識の変容と呼ばれるせん妄が発現するために起こる．せん妄では，この他にも多彩な精神症状，行動障害が見られる．

せん妄が見られた場合には，その内容を否定せず，保護的に対応する必要がある．また，ほどよい明るさで，静かな状況を作り，落ち着かせることが必要である．せん妄は事故の原因にもなる．度重なる時には，医療機関につなげることを忘れてはならない．

(2) 行動障害への対応

1）徘徊

徘徊にはさまざまな原因が存在する．それを考えずに，徘徊だけを止めると，彼らに混乱や興奮が起こる．徘徊が見られる場合には，話し相手になり，その理由の解明が不可欠である．薬物療法の対象となる原因（アカシジアなど）の場合には，医学的処置が必要である．

心理的接近が必要な場合には，相手の話をよく聞き，それを受容的に受け止めるべきである．その内容によっては，個別の対応が必要になる．徘徊は事故に巻き込まれる可能性が高くなる．安全確保のため，連絡先を書いておくなどさまざまな工夫が必要である．

2）異食

異食は側頭葉障害により発現すると考えられている．異食の種類によっては，医療機関につなげる必要も出てくる．彼らの生活領域には，危険と判断されるものは置かないことが鉄則である．

この異食は，幼児の拒食・過食などの食行動異常と類似の機制を持つとされる．幼児では，愛情不足，不満などにより食行動異常が発現する．彼らの異食（口唇傾向）は，幼児とほぼ類似したものがあるために発現すると考えられる．介護者は，異食を危険視するだけではなく，異食の背景にある心理への配慮が必要である．

3）介護への抵抗

彼らは，日常生活動作能力の低下を持ちながらも，他者の介入に激しい抵抗を示すことがある．彼らにとっては，介護者が誰であるかは問題ではない．介護者によって，自らの生活のリズムなどを乱されることが問題なのである．彼らでなくともそれは了解可能であると考えられる．

介護者の無思慮な介入は，彼らのストレッサーとなる．認知症の程度により異なるが，できない部分を援助する程度におさめる場合も出てくる．介護に対する抵抗は，その背景にさまざまな原因が存在する．身体疾患を併発していなければ，彼らを見守りその原因を見極め，彼らの意志を確認した上で着手することが期待される．

4．教育の必要性

認知症性老人への接近では，彼らの精神症状，行動障害は異常である，危険である，あるいは彼らの精神症状，行動障害はいかなる理由で発現するのか？と考える立場が想定される．前者の場合には，すべてをコントロールすることのみに全エネルギーが注ぎ込まれる．

この立場では，相互に悪循環が発生する．介護者には，負担感，不快感，いらつきなどが発生する．認知症性老人には，混乱，被害感，不快感などが発生する．よく見られる風景である．

介護者に，認知症に関する正しい知識が欠如している場合，この悪循環がよく見られる．結果的に，認知症性老人の虐待などに発展することにもなる．認知症性老人をお世話する介護者は，自身の精神的健康のためにも，彼らに効果的な援助をするためにも，認知症に関する教育を受ける必要がある．

5．家族のケア

認知症性老人を抱える介護者の身体的・精神的負担ははかり知れないものがある．介護者が献身的であればある程，介護がむなしい努力に思われる時期が訪れる．これは，一般的には，燃え尽き症候群と呼ばれている．

これは家族のみで認知症という事態を解決しようとする場合に起こる傾向がある．そこでは，昼も夜もない介護の日々が続くことになる．介護にあたる人

の精神的健康は，決して考慮されることはない．

　最近，レスパイト・ケアの必要性が叫ばれている．それは，介護者が一時的にでも介護から離れ，身体的・精神的負担から解放されることを指している．これは家族の理解と社会システムが充実していないとできない．

　家族の誰かの犠牲の上に成り立つ介護は，共倒れという悲惨な状況を作り出す可能性がある．人間が人間を介護するのである．家族の意識改革とそれを補完するさまざまな制度の確立が急がれる．

第3節　機能性精神障害への対応

1．機能性精神障害とその反応の特徴

　機能性精神障害を持つ人へ対応をしていく場合に大切なこととして，「一人ぼっちじゃない，みんなから大切にされている」と思えるように接することである．そのためは相手が発する言葉に否定的に接していく態度は好ましいものとは言えない．こちら側の反応や言葉により，たとえば，神経症性障害のマイナス感情が心理的に，より強化されることも少なくないので，共感的な言葉で，親切に，決して声を荒げるようなことなく，優しくコミュニケーションを進めていくことが大切である．

（1）気分障害（感情障害）への対応

　気分障害の中で躁状態は，気分は高揚し，多弁，多動，自信たっぷりに言動することが少なくない．また物を買いすぎる傾向にあり，誇大妄想を持つこともある．さらに思考のまとまりが悪く，睡眠も浅くなることを知って対応することである．

　一方，うつ状態での気分は陰うつで，自責の念が強く罪責感を持ちやすく，また寡黙で寡動となる．また食欲が低下し，睡眠障害も見られる．とくに高齢者に起こるものを老年性うつ病と呼ばれている．老年期では，青年期のうつ病に比べて，病気が長引いたり，再発しやすい傾向にあり，経過中に自殺企画の危険が高いので，できるだけ早く医療機関を受診させることが大切である．

　うつ病は，日内変動も見られ，1日のうちでは朝方に気分が落ち込むことが少なくない．うつ病の特徴は，まず全身の倦怠感があり，横たわることで次第

に意欲の低下が始まる．うつ気分は，次第に行動に抑制をかけ，自発的な活発な動きが減ってゆき，2次的に思考の抑制が進むことにつながっていくことになる．こうした症状を示すときの対応は，「がんばれ」などの家族や周囲の励ましの言葉かけは逆効果である．うつ病は，自殺企画や自殺願望を伴うことがあり，これ以上，頑張りようがないほど一生懸命がんばっている上で，もっと頑張れと強要しているような場面の連続であり，対応を誤れば，死に追い詰める結果につながることも少なくないので注意して対応することである．

(2) 統合失調症への対応

人はさまざまな欲求や要求を抱えて暮らしているが，そうした要求にすべて満たされるとは限らず，むしろ現実的には満たされず我慢しなければならないことの方が少なくない．ところが，欲求が満たされない場合，心的緊張が生じて不快な感情を抱くことになる．こうして思考のつながりが悪くなっていく連合弛緩となり，感情障害があって人との関係がうすれていくとき，自発性が減退して自閉性が強まっていくことになる．こうして無為，無関心状態へと進むが，薬物療法と併行し，関わる人は話をよく聞くという意味での「傾聴」の態度で対応することである．

統合失調症の妄想は，圧倒的に被害妄想が多いが，なかでも自分は皇族などの生まれであると信じている血統妄想や一方的に異性が自分を愛していると感じている恋愛妄想，自分は周囲から迫害されていると思いこむ迫害妄想，食べ物や飲み物に毒物が混入されていると思いこむ被毒妄想など，さまざまである（宮内，1996）．この妄想は老年期の認知症に見られる妄想とはやや異なる．認知症では，統合失調症とは異なり，記憶障害に関連する妄想もある．たとえば，物を置いた場所を忘れることによって，人を疑う「物盗られ妄想」がそれである．また一見，認知症と誤診されやすい仮性認知症の症状を示すこともある．前述のうつ病では，自分は癌かもしれないなどと心配する心気妄想，罪業妄想，貧困妄想などが特徴であり，認知症やうつ病に見られる妄想と統合失調症のそれとはやや異なる特徴を持っていることも知って対応したい．妄想の対象者は，ほとんどが家族や隣人であり，話をしていると自分の噂をしているように思えたり，悪口を言っている，バカにしている，ここから追い出されるな

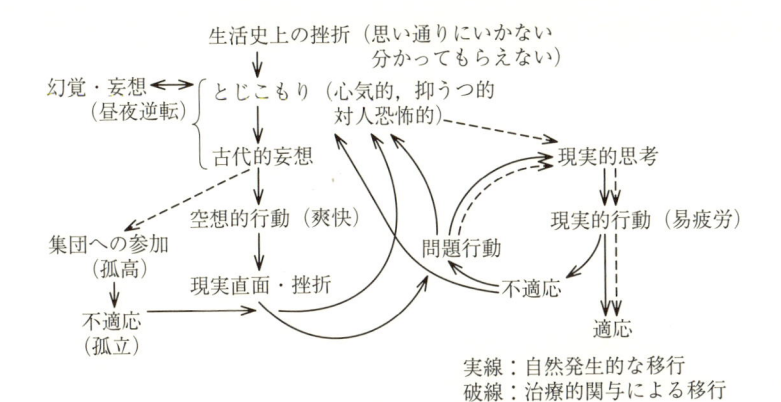

図11-1 「啓発型」の病態模式図（宮内，1996, p.121）

ど，まるで真実のような具体的な内容が多いので対応を誤らないことである．宮内（1996）による統合失調症の病態模式図を図11-1に示した．

望ましい対応としては，身体疾患が原因の場合は疾患の治療やストレスが軽減するような関わりで対応したい．孤独感や疎外感などの心理的要因が原因の場合は一人にしないような関わりが望まれる．

(3) 心因反応

心理的な原因によって起こる精神障害を心因性精神障害というが，心因反応と神経症（ノイローゼ）に分けられる．

心因反応は，大きな心理的負荷であるストレスを急激に受け，精神的安定を欠くことにつながる．具体的には，失神やもうろう状態，あるいは麻痺を起こすようなとき，人格反応として妄想や幻覚などの異常体験が現れるとき，あるいは激しい気分の落ち込みや寡動状態に陥るような抑うつ反応が見られるときなどが挙げられる．こうしたときの対応は，ストレスを除去することによって症状が軽減したり回復したりすることも少なくない．そのためには，ストレスの原因を探ることも必要なこともあるが，なかなか問題解決につながることはない．それよりも，こうした現実を的確に認識できるように伝え，納得できていない現状をうまく理解できるような働きかけを行うことの方が望ましい．

(4) 老年期神経症

　精神および身体の機能障害を老年期神経症というが，これは特有な性格と心理的原因が相まった症状として出てくることを知って適切に対応したい．神経症や心身症は，不安や緊張を処理しようとして機能するものを適応機制というが，これを不適切に用いるために，自己の内的状態や行動パターンにおいて，症状として身体に現れるようなタイプを指すので，基礎知識として知っておいて適切に対応することである．また老年期では，青年期よりも，さらに個人差が大きく，自信欠乏，過度の几帳面さや完全欲，依存性，過敏性の性格の人に多いことも知って対応することである．

　神経症的行動異常とは，周囲の人や社会的に受け入れられないような行動パターンをとっている場合であり，そうしたときの対応には，症状として現れている行動が内的心理緊張を解消するための行動であると的確に見据えることが大切である．この神経症には，パニック障害，強迫性障害，転換性障害，心気症，離人症，不安神経症などがあり，この中で強迫性障害には強迫観念と強迫行為がある．

　強迫観念は，同じ事を繰り返すことをバカバカしいという思いや考え方であり，強迫行為はやり過ぎや無意味だと分かっていても繰り返さざるを得ないとして行っている行動であることを知って対応することである．この強迫性障害の原因は不明で，遺伝や性格とは無関係であるが，対人関係上の弱さや仕事上のストレスがきっかけとなることも少なくないので，行動全体を十分に観察することである．さらに高齢者では，脳梗塞のときに2次的に強迫性障害の症状が出ることもあり，無意味な動作を延々と繰り返すことで，より大きな本当の不安を忘れようとする無意識に行う防衛行動をとるときもあり，的確な対応が望まれる．

　一方，強迫行為は，強迫観念から不安を緩和しようとする行為で，儀式的行為，確認行為，加害行為，洗浄強迫にみられる不潔行為，数字へのこだわりなどが特徴となることを知っておき，その対応としては，本人が納得するまで付き添うことである．途中で場所移動したとしても，気持ちがそこに残っており，いずれまたその場に立ち戻ることになることも少なくないので，その人のペースに合わせて対応する必要性を理解しておくことである．

心因反応や神経症は，その人の心理的要因，あるいはその人を取り巻く周囲の状況（環境要因）などの社会的要因に対する対応にも関連してくる問題である．すなわち，性格などの純粋な心理的要因に加えて，その人を取り巻く暮らしが絡み合っていることがあり，機能性精神障害を被っている人とその人を取り巻く周囲の状況との関係性について，全体像をよく観察し，見据えることである．

　そのための対応の基本は「共感的態度」が求められることになる．ここでいう「共感」とは，相手と全く同じ気持ちになることではない．相手の内的世界を，まるで自分の内的世界かのように感じることであり，共感の効果を理解した上で意図的に気持ちに共感することが大切なのである．また高齢者の内的世界では，寂しさの解消として頼りになる人がそばにいて欲しいし，愛情欲求として，いつも注意を向けてくれる人を求めている．さらに自分でできなくなっている機能について，誰か手助けしてくれる人を求め，補償してくれる人に対して安堵感を強く持つことも少なくない．こうした対応には，問題となる言動を否定しないで，その中に改善点を見いだす努力が大切であり，このためには，行動全体をよく観察することである．さらに，その人に特有なコミュニケーション手段で対応することで的確な意思疎通を図ることが望まれるわけであり，対応法を誤らないことである．

　こうした機能性精神障害に対する対応には，その人を「困った人」と捉えるのではなく，「困っている人」と理解することで，ひたすら優しく親切に対応することが望まれる．

引用・参考文献

1) American Psychiatric Association, *Diagnostic and statistical Manual of Mental Disorders*, Forth Edition (DSM-IV), American Psychiatric Association, Washington DC, 1994（高橋三郎・大野　裕・染矢俊幸訳『DSM-IV 精神疾患の統計マニュアル』医学書院，1996）

2) 深津　亮，中野倫仁「器質性の精神障害　A.血管性痴呆」松下正明総編集『臨床精神医学講座 12　老年期精神障害』中山書店，2002

3) 一宮洋介・新井平伊「器質性の精神障害　B.Alzheimer 型痴呆」松下正明総編集『臨

床精神医学講座12　老年期精神障害』中山書店，2002

4) 笠原洋勇「痴呆・慢性器質性障害」松下正明総編集『臨床精神医学講座10　器質・症状性精神障害』中山書店，1997

5) 加藤伸司「第6章　老年期痴呆」長島紀一編『介護福祉選書7　新版老人心理学』建帛社，2003

6) 小坂敦二・平川由希子・青葉安里「アルツハイマー型のQOLとはー私はこう考えるー」老年期痴呆，Vol.10，No.4，メディカルレビュー社，1996

7) 室伏君士・田中良憲「看護とケア」島薗安雄他編『図解臨床精神医学講座7　老年精神医学』メジカルビュー社，1987

8) 宮崎徳蔵・赫　彰郎「脳血管性痴呆患者のQOLとはー私はこう考えるー」老年期痴呆，Vol.10，No.4，メディカルレビュー社，1996

9) 村上恵一「老年痴呆のリハビリテーションの試み　痴呆に対するリハビリテーションの一般的アプローチ」老年期痴呆，Vol.10，No.24，メディカルレビュー社，1996

10) World Health Organization, *The ICD-10 Classification of Mental and Behavioural Disorder ; Clinical Description and Diagnostic Guidelines*, WHO, Geneva, 1992（融　道男・中根允文・小見山　実訳『ICD-10精神および行動の障害ー臨床記述と診断ガイドライン』医学書院，1993）

11) 五島シズ「第3章　老年期の心理的問題と対応　2 痴呆性高齢者の心理とその対応」福祉士養成講座編集委員会編『新版介護福祉士養成講座7　老人・障害者の心理』新版第2版，中央法規，2003

12) 三好功峰・永野　修・高内　茂「老年期の幻覚・妄想　老年期の意識障害と幻覚・妄想」老年精神医学，Vol.3，No.3，1986

13) 三山吉夫「特集　痴呆の症候　せん妄」老年期痴呆，Vol.10，No.3，メディカルレビュー社，1996

14) 三根芳明「Ⅳ．意欲・行動の障害　5.拒食・過食・盗食・異食・不食」長谷川和夫監『老年期精神疾患治療のためのストラテジー』ワールドプランニング，1994．

15) 大森健一「特集　痴呆の症候　感情障害」老年期痴呆，Vol.10，No.3，メディカルレビュー社，1996

16) 佐々木　健「痴呆性老人精神科専門病棟における治療」長谷川和夫監『老年期精神疾患治療のためのストラテジー』ワールドプランニング，1994

17) 十束支朗「特集　痴呆の症候　問題行動（徘徊）」老年期痴呆, Vol.10, No.3, メディカルレビュー社, 1996
18) 山崎美貴子「第3節　高齢者，障害者（児）等の家族の理解」『ホームヘルパー養成研修テキスト－1996年改訂版－2級課程（第2巻）利用者の理解』第一法規出版, 1996
19) 宮内　勝『分裂病と個人面接』金剛出版, 1996
20) 石井　毅『研修医のための精神医学入門』星和書店, 2003

第12章　高齢者と死

　いかなる人間にとっても死は常に未来の事象である．よって死について語ることはすなわち未来について語ることであると言えよう．とくに高齢者にとって死は，かなりの実在感を伴う未来事象であると考えられる．本章ではこのような観点から，「未来分析」（守屋，1980，1998）という手続きを通して，高齢者と死について検討してみたいと思う．

第1節　生と死

　死について考えるとき，われわれは生との対比においてそれを捉えようとする傾向にある．死んでいるとは生きていない状態であると考えるわけである．しかし，生が途切れたところに死があるという発想を裏返せば，死という区切りがあるから生があるとも考えられる．生と死は対立するものであると同時に表裏の関係をなすものとも言えそうである．

　この点について，フランクル（Frankl, V.E.）は次のように指摘している．人間は，いつか自分が死ぬという生の有限性を考慮しなければならないし，それを日常的に知っている．その意味で「死を生命から何らかの形で排除するということは少しも必要ではない．死は本来生命に属している」（1946，p.78）のである．

　人は老いて死を迎える．老年期はまさに死と生を直視する時期である．老年期について，守屋は「意識や行動の主体者たるこの自我に着目するならば，老年期は単に衰退期としてだけではなく，同時に，それまで生きてきた証としての完熟期としても特徴づけられる」（1994，p.40）と述べている．老年期は死へと向かう時期であるとともに，生を際立たせる時期でもあるのである．そして，前者が老年期に対する自然科学的アプローチの結果であるのに対し，後者は人間科学的アプローチの結果であると説明している（表12-1）．ここで注目したいのはそれぞれが立脚する因果律である．守屋（1998）は「過去→現在→未来」という自然科学的因果律における未来，すなわち現在の延長線上にある物理的な時間としての未来を英文法に因んで「単純未来」と呼んだ．一方，「現

表12-1 心理学における人間現象への2つの基本的アプローチ

基本的アプローチ	自然科学的アプローチ	人間科学的アプローチ
基本的立場	人間以外の他の存在者の現象と同次元上で人間の「現象」を問題にする（他の存在者との類似性を問題にする）	人間以外の他の存在者の現象とは別次元上で「人間」の現象を問題にする（他の存在者との差異性を問題にする）
研究態度	人間現象を「他者の現象」として「物化」して「客観的」に「測定」する（他者志向型・他者分析型）	人間現象を「自己の現象」を中心に「人間化」して「主観的」に「了解」する（自己志向型・自己分析型）
人間現象のとらえ方	人間現象を「能力現象」としてとらえる	人間現象を「自我現象」としてとらえる
追究される法則性	多数の人間の能力現象の共通の重なりとしてのいわば「最大公約数としての法則性」を追究する	すべての人間現象を包含しうる人間観の枠組としてのいわば「最小公倍数としての法則性」を追究する
重要視されるもの	「最新のデータ」を重視する（発見的研究姿勢）	「人間観」を重視する（発明的研究姿勢）
具体的な問題の解決法	実態調査などの結果にもとづいて「大多数がそうであるからそうするべきだ」という形で「対症療法的な問題解決」を図る（現状からの見通し・立案を図る）	人間の独自性に照らして「人間の本来の姿はこうであるからこうするべきだ」という形で「原因治療的な問題解決」を図る（人間の独自性からの見通し・立案を図る）
問われる実在	能力現象という「客観的実在」	自我現象という「主観的実在」
知見の実証性	「客観的実証性」：客観的に測定された他者の現象に関するデータによって裏づけられるか否か	「主観的実証性」：自分自身の人間現象と矛盾しないかどうか，人間の独自性と矛盾しないかどうか
立脚する因果律	過去→現在→未来という物理的な時間の流れに従った「自然科学的因果律」をもって能力現象としての人間現象を測定し説明する	現在←未来の因果律という物理的な時間の流れに従わない「人間科学的因果律」をもって自我現象としての人間現象を了解し説明する

(守屋, 1994, p.340)

在←未来」という人間科学的因果律における未来，すなわち物理的な時間の拘束を離れ現在を規定する力をもつ未来を「意志未来」と呼び，これをもち得ることこそが人間の独自性の1つであると考え，未来分析という観点を提起した．この単純未来と意志未来について，わかりやすく説明した例があるので少し長

くなるが以下に引用する．

「単純未来と意志未来の問題を英語の end という単語で考えてみよう．この単語は，洋画の最後に画面中央に大きく出てくるので，誰にでも馴染みの単語である．end には辞書で調べてみると主として二つの意味がある．一つは"終わり"という意味であり，もう一つは"目的"という意味である．この意味の違いこそは，単純未来と意志未来の相違を如実に反映している．すなわち，単純未来として捉えると end は"終わり"という意味になろうし，意志未来として捉えると end は"目的"という意味になろう．たとえば，マラソンの場面を考えてみよう．マラソンのゴールは，単純未来として受け止めれば走ることが"終わる"点ということになり，意志未来の問題として考えれば走ることが"目指す"点ということになる．ああ，なんでこんな苦しいことをしなければならないのか，と考えている限りは，ゴールは特別な意味をもたずに，単なる終了点である．しかし，今そこに向かって走っているのだという意識になれば，まさしく目的点ということになろう．要するに，客観的には同一の事柄が，われわれの受け止め方，意味づけ方によって，一方では終わりとなり，もう一方では目的となるのである」（守屋，1998, pp.18-19）．

人生はよくマラソンにたとえられるが，われわれにとって死とは人生の終わりを意味すると同時に，人生の目標を意識させてくれる究極の目的とも考えられよう．すなわち，前者は単純未来としての死（図 12-1）であり，後者は意志未来としての死（図 12-2）であると言える．ポー（Poe, E.A.）は，「観念そのものではなく，観念への努力を意味する」(1902, p.200)語として，「無限」「神」「精神」などを挙げているが，「死」も同じ属性を有する観念ではなかろうか．

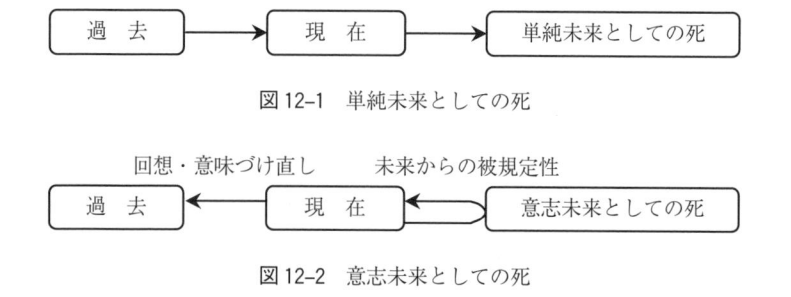

過去 → 現在 → 単純未来としての死

図 12-1　単純未来としての死

回想・意味づけ直し　　未来からの被規定性
過去 ← 現在 ← 意志未来としての死

図 12-2　意志未来としての死

そして，死という現象に主体者たる自我の存在を仮定することにより，それは「無くなる」という単なる物理現象から「亡くなる」という人間現象に捉えなおされるのである．

第2節 人間らしい死

死に関してはキューブラー・ロスによる有名な研究（Ross, E.K., 1969）がある．ロスは200名を超える臨死患者へのインタビューを通して，死の過程に認められる以下の5段階を提起している．

①否認と孤立

死と直面せざるを得ない状況に置かれた人間に認められる最初の反応は「私のことではない」「何かの間違いだ」というものである．それはたとえば，レントゲン写真が取り違えられたのではないか，医者の誤診ではないかといったような形で現れる．予期しない出来事による衝撃を和らげるという意味において否認は健全な反応であり，とりわけ初期の反応として必要である．この否認の段階が長く続くことはあまりなく，やがて孤立へ，部分的受容へと移行していく．

②怒り

時間の経過に伴い患者の心身は衰えていく．すると「私は病気ではない」という否認を続けるのは困難になり，替わりに「なぜ私なのか」という疑問が発生するとともに怒りの感情が沸き上がってくる．怒りは身近な人々に対して無差別に向けられる傾向にある．このような反応は患者が孤立状態を解消しようとして起こる場合もあり，一般に対応が難しいが，患者の怒りが合理的なものであれ，不合理なものであれ，それに対して受容的な態度を示すことが重要となる．

③取り引き

怒りの感情が生まれるのは病気あるいは死を自分のこととして肯定した結果である．しかし，事実として肯定できたとしても感情的には容易に肯定できるものではない．そこで，避けることはできないが感情的にはまだ受け容れられない出来事を，できるだけ先延ばしにしようと取り引きをする．善行が報いられるということを人は経験的に知っており，その見返りとして延命

や苦痛の軽減を願うのである．人間の力ではどうしようもないという性質から取り引きの相手は神であることが多く，周囲の人々に対してはふつう秘密にされている．この段階は他と比較するとそれほど大きな感情の表出や変化を伴うわけではないが，患者の精神的安定にとっては重要である．

④抑鬱

さらに時間が経過するに従って，患者の心身の衰えは一層顕著になり，怒りなどの感情は喪失感に取って代わられ，取り引きのような楽観的な展望はもち得なくなる．さらに，治療費や入院費が嵩む，職を失うといった経済的な負担が加わることにより患者は抑鬱状態に陥る．抑鬱には反応的抑鬱と準備的抑鬱とがあり，前者は過去の喪失体験に起因し，後者は未来に予測される喪失への懸念に起因しているため，周囲の人々はそれぞれに応じた対応を心がける必要がある．

⑤受容

突然の死に見舞われることなく，周囲からの適切で充分な援助を得た患者は，さまざまな感情の起伏や喪失感を経て，自分の最期をある程度の期待とともに見つめるようになる．しかし，この段階を幸福な状態と考えるのは誤りである．なぜなら，患者の身体はかなり衰弱した状態にあり，感情もほとんど欠落し，周囲への関心も薄らいでいるからである．それは相互のコミュニケーションが成立しなくなる虚脱へとやがて至る「長い旅路の前の最後の休息」(Ross, E.K., 1969, p.170) のときなのである．

図12-3は以上の段階を図に示したものである．もちろんすべての人がこのような過程のとおり順を追って死を迎えるわけではない．ある過程をスキップしたり，後戻りしたり，場合によっては途中で死を迎えたりする．死の過程をこのように段階的に捉えることに対する批判もある．しかし，この研究の最大の功績は，「怒り」以降のすべての段階を通じて常に「希望」が存在すると指摘した点にある．上述した5段階に比べるとあまり取り上げられていないが，ロスは「希望」について一章を割いて論じており，いかに受容的で現実直視的な末期患者でも，新薬の開発や研究プロジェクトの成功など，何らかの可能性に期待をよせていると述べている．すなわち，いかなる逆境にあっても未来に意味を見いだし，それに向かって生きることこそ，人間に残された最後のそして最

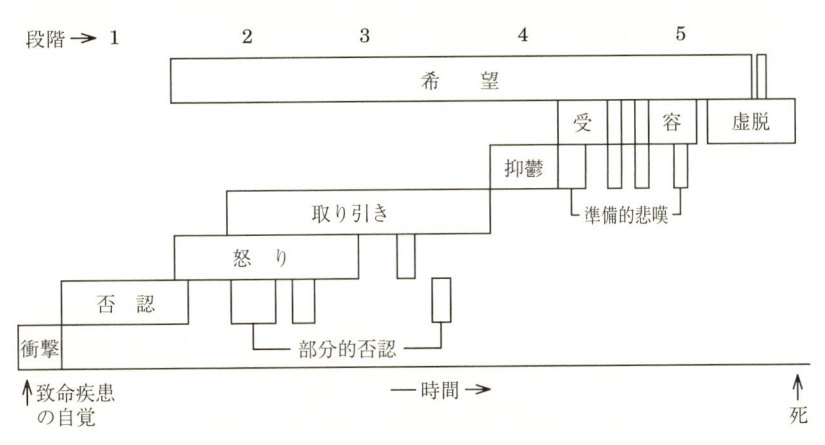

図12-3 死の過程の諸段階（Ross, 1969, p.374）

大の可能性であり，人間らしい死とはそのような生き方のゴールであると考えられる．

第3節 死に対する高齢者の意識と身近な人々の対応

筆者は障害児の親がわが子の障害を意味づけ直していく過程（図12-4）を検討するにあたって，上述したロスの「死の過程」を引用した（西山・守屋，2000）．死と障害を同じに論じることはできないが，ともに苦悩と努力を伴う「自我の再編成」（守屋，1977）の過程であるという意味で示唆があると考えたからである．図12-4からわかるように，母親の意識は子どもの発達や新たなる出会いとともに変容しており，その様子はロスの研究とある程度一致している．そして障害児の親は深い絶望の淵にあると思いがちであるが，それぞれの時期において何らかの希望や期待を子どもに対して抱いていることがわかった．母親はわずかな希望，時には非合理的な期待を抱きながらもそれを諦めざるを得ない状況に陥ると，徐々に別の希望・期待を抱くようになっている．よって，その変容過程は段階的というよりはむしろスペクトラムになっていると考えられた．

「諦める」という言葉に対してわれわれはどちらかというとネガティブなイメージをもっている．しかし，「観念する」という語が「諦める」以外に「考える」「意識する」などの意味をもつように，また仏教における「聖諦」が「尊い

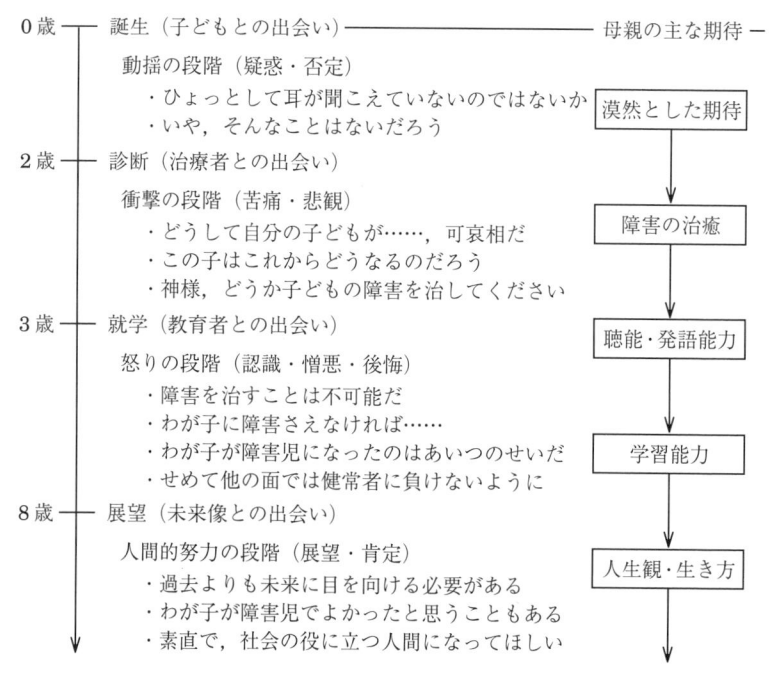

```
0歳 ──┬── 誕生（子どもとの出会い）──────────── 母親の主な期待 ─
      │
      │    動揺の段階（疑惑・否定）
      │      ・ひょっとして耳が聞こえていないのではないか       ┌──────────┐
      │      ・いや，そんなことはないだろう                     │漠然とした期待│
      │                                                        └─────┬────┘
2歳 ──┼── 診断（治療者との出会い）                                     │
      │    衝撃の段階（苦痛・悲観）                              ┌─────┴────┐
      │      ・どうして自分の子どもが……，可哀相だ               │ 障害の治癒 │
      │      ・この子はこれからどうなるのだろう                  └─────┬────┘
      │      ・神様，どうか子どもの障害を治してください                 │
3歳 ──┼── 就学（教育者との出会い）                               ┌─────┴────┐
      │    怒りの段階（認識・憎悪・後悔）                         │聴能・発語能力│
      │      ・障害を治すことは不可能だ                           └─────┬────┘
      │      ・わが子に障害さえなければ……                              │
      │      ・わが子が障害児になったのはあいつのせいだ           ┌─────┴────┐
      │      ・せめて他の面では健常者に負けないように              │  学習能力  │
      │                                                           └─────┬────┘
8歳 ──┼── 展望（未来像との出会い）                                      │
      │    人間的努力の段階（展望・肯定）                          ┌─────┴────┐
      │      ・過去よりも未来に目を向ける必要がある                │人生観・生き方│
      │      ・わが子が障害児でよかったと思うこともある            └─────┬────┘
      ▼      ・素直で，社会の役に立つ人間になってほしい                  ▼
```

図12-4　聴覚障害児の母親の意識の変容過程

真理」を意味する概念であるように，諦めるとはより深い意味を見いだす行為であるとも言える．このように考えると，高齢者がよく口にする「早くお迎えがきてほしい」という言葉は，人生に対して投げやりになっていると安直に捉えられるべきではなく，むしろ人生について深く考えている，あるいは考えた結果であると捉えられるべきであろう．また，高齢者が頻繁に口にする不安についても同じことが言える．"anxiety"には「不安」以外にも「切望，熱望」「もどかしさの入りまじった強い願い」（松田他，1984）という意味がある．「期待と不安が交錯する」というように，不安という感情は期待と表裏の関係をなしており，未来を展望した結果として必然的に生じるものである．不安を訴えられるのは期待をもって未来を見つめている証左であり，むしろ高齢者が死を含めた自己の未来を展望できていない場合の方が問題であると考えられる．

　また，高齢者に認められる回想や追憶は，死という予期された未来，さらには死後の世界を見つめた結果として，人生を意味づけ直す作業であると考えら

れる（守屋,1998）．過去の出来事や死後の世界について語るのは，ネガティブな高齢者像と捉えられがちであるが，このような観点からすると高齢者の健全なあり方とも考えられる（図12-1, 12-2）．

　最後に高齢者をとりまく周囲の人々の対応について考えてみたい．死の過程における抑鬱の段階にある人の場合，それが反応的な抑鬱であるのか準備的な抑鬱であるのかによって対応の仕方が異なると先に紹介した．これは相手の人の時間的志向性により対応が異なってくる1つの例と考えられる．すなわち，単純未来としての死に起因する抑鬱の場合には具体的な相互作用を通した介入が必要であろうし，意志未来としての死に起因する抑鬱の場合には相互作用よりもむしろ未来を共有する存在自体が必要となるであろう．死に直面している人と接するとき，われわれはともすれば相互作用を活性化させ苦悩を共有しようとする傾向にあるが，本当に必要であるのは高齢者が想い描く未来を共有すること，すなわち高齢者が語る不安や諦めの気持ちを受容し，その裏にある期待や悟りを理解する存在になることであると考える．この意味において，周囲の人々は手助けを「する」のではなく，手助けに「なる」のである．

引用文献

1) Frankl,V.E. 1946（霜山徳爾訳『死と愛』みすず書房，1957）
2) 松田徳一郎・横山一郎・東 信行編『リーダーズ英和辞典』研究社，1984
3) 守屋国光「発達的観点からみた老年心理学の使命」老年心理学研究，3，1977，1-13
4) 守屋国光「未来分析 ── 時間的自我についての一考察 ── 」大阪教育大学障害児教育研究紀要，2，1980，43-62．
5) 守屋国光『老年期の自我発達心理学的研究』風間書房，1994
6) 守屋国光『未来分析』ナカニシヤ出版，1998
7) 西山 健・守屋国光「聴覚障害児の親の心理」守屋国光・喜多村稔編『聴覚障害児教育の現状と課題』生涯発達研究会，2000，pp.73-81
8) Poe, E.A."Eureka"In Harrison, J.A.(*ed.*) *The complete works on Edgar Allan Poe*, New York：AMS Press, 1902
9) Ross, E.K., 1969（鈴木 晶訳『死ぬ瞬間－死とその過程について－』読売新聞社，1998）

人名索引

あ

アルバート（Albert, M. S.）……43
ウィルキー（Wilkie, F.）………62
ウェックスラー（Wechsler, D.）55
エリクソン（Erikson, E.H.）…85
オールポート（Allport, G.W.）‥83
恩田彰……………………………47

か

カヴァン（Cavan, R.S.）………91
垣内芳子…………………………133
キャッテル（Cattell, R.B.）……59
グラフ（Graf）……………………45
クリメイヤー（Kleemeier, R.W.）
　………………………………61
クレイク（Craik, F. I. M.）……42

さ

下仲順子…………………………92
シモントン（Simonton, D.K.）‥50
ジャービク（Jarvik, L.）………62
シャイエ（Schaie, K.W.）……5,58
シャクター（Shacter）…………45
ショーンフィールド（Shonfield, D.）
　………………………………42

た

タルヴィング（Tulving, E.）……45
デニス（Dennis, W.）……………49
ドップス（Dobbs, A. D.）………44

な

ニューガーテン（Neugarten, B. L.）
　………………………………4,88

は

バーク（Burke, D. M.）…………43
ピーター（Peters, L.）…………43
フランクル（Frankl, V. E.）…176
ペック（Peck, R. C.）……………86
ポー（Poe, E. A.）………………178

ま

マスロー（Maslow, A. H.）
　…………………………47, 119
ミラー（Miller, G. A.）…………41
守屋国光…………………………176

ら

ライチャード（Reichard, S.）‥87
ロス（Ross, E. K.）……………179

事項索引

A〜Z

ADL 135, 161
DSM-IV 155
ICD-10 155
MMSテスト 143
MRI（磁気共鳴画像）
    141
QOL 164
Use it or lose it 22
WAIS-IV成人知能検査
    56

あ

青斑核 20
アカシジア 167
諦める 181
アクティビティ 133
アセチルコリン 141
アルツハイマー型認知
    症（アルツハイマー
    病） .97,139,154,161
アレンジ 136
暗順応 28
イエ制度 98
怒り 179
生きがい 117, 120

意識改革 169
意識障害 149
意識の変容 167
意志未来 177
異常老化 11
異食 165
異性関係 101
遺体 125
意味記憶 41, 43, 45
違和感 96
陰性症状 151
インフォーマル　グル
    ープ 95
うつ状態 146
うつ病 146
うつ病性仮性認知症
    148
うつ病性偽認知症 ..149
運営費用の確保 114
運動障害 21
運動制限 164
エイジズム 101
エピソード記憶
    .... 41, 43, 45
エピソードメモリー.21
援助計画 135
遠方視力 26

遅咲きの人 50

か

介護技術 161
介護者 164
介護への抵抗 165
改訂長谷川式簡易知能
    評価スケール 143
街頭募金活動 116
海馬 20
核家族 98
拡散的思考 47, 49
拡散的思考能力 47
学習定員の増加 114
確認作業 157
仮性認知症 148
家族関係 98
家族のケア 168
可塑性 21
活性化 133, 136
仮面うつ病 148
側頭葉障害 167
ガン 21
感覚 25
感覚記憶 40
感覚器官 25
環境因 158

環境の調整............166	強迫神経症 157	ゴンペルツの公式......8
環境美化 111	恐怖神経症 156	
環境要因................165	虚無妄想................ 148	**さ**
感情・意欲の機能..162	経過........................ 154	
感情障害................146	計画........................ 135	最大寿命 8
記憶の区分..............40	軽度認知機能障害.. 143	細胞体......................37
記憶の処理段階........40	系列法 5	錯視..........................31
気質..........................84	激越性うつ病......... 148	サクセスフル・エイジ
器質性認知症........148	血管........................ 18	ング................. 3, 22
器質的要因............165	血管疾患 21	査定........................ 135
帰属意識..................95	結晶性知能 59	作動記憶 43
基礎生活................133	幻覚・妄想.....150, 165	さまざまな行動異常
期待........................182	原核生物 9	 150
拮抗多面発現遺伝子説	言語性検査 56	残存機能 136
..............................13	言語性知能 59	残存する能力......... 164
機能性精神障害......169	拘縮 164	自我の再編成......... 181
規範..........................95	高齢社会 110	事業企画 113
気分障害（感情障害）	誤解・偏見 101	軸索.......................... 37
..................146,169	呼吸器 18	刺激閾...................... 25
希望........................180	国際高齢者年.........110	刺激頂...................... 25
基本的生活習慣......161	黒質 20	自己意識 131
虐待........................122	心の葛藤 157	自己実現.........110, 111
急性期....................151	心の健康障害 97	自己実現の創造性....47
急性疾患..................21	個人的資質 108	自殺........................ 148
教育の必要性........168	個体差......................11	自殺企図 148
共感的態度............173	骨粗鬆症.................. 18	自殺念慮 148
強迫観念................157	ゴットシャルト課題 32	持続性妄想障害 151
強迫傾向................149	コホート効果........... 5	持続的注意 30
強迫行為................157	暦年齢......................11	失禁........................ 165
強迫思考................157	近方視力.................. 26	失言・失行............ 140
		実施........................ 136

事項索引

疾病恐怖 156
自伝的記憶 45
シナプス 20
シナプス部 36
死の過程 179
支配観念 153
社会貢献活動 111
社会参加 110
社会システム 169
社会生活 133, 134
社会的活動 110
社会的資源 108
社会的年齢 11
集団活動 110
集団の特徴 95
執着気質 149
柔軟性 47, 48, 49
周辺症状 161
周辺症状の意味 165
熟達性 38
種差 9
樹状突起 21, 37
寿命 8
受容 180
受容器 25
受容体 20
循環気質 149
順応 28
準備の抑うつ 180
状況因子 158

条件づけ 156
症候性精神障害 154
焦点調節能力 26
情報の検索 42
情報の符号化 42
職業活動 110
食行動異常 167
自立 110
自律神経症状 147
自立能力 161
視力 26
心因性精神障害 155
心因反応 155, 171
真核生物 9
人格の機能 162
人格変化 152
心気症状 165
心気神経症 156
心気的愁訴 148
心気妄想 148
神経細胞（ニューロン）
 36
神経症 154
神経伝達物質
 .... 20, 37, 146
神経原繊維変化 140
進行性 7
心身症 155
人生の巻紙理論 128
心臓 18

腎臓 18
心臓疾患 21
身体症状 148
身体的・精神的負担
 168
身体的要因 165
心理学的年齢 11
心理的対応 161
心理的逃避 157
心理的要因 165
心理テスト 125
睡眠障害 147
スーパー老人 122
ストラテージ 5
ストループ課題 32
ストレス 97
性意識 103
性格 84
性格因 158
生活環境改善 111
生活の質 133, 164
生活歴 135
正常老化 11
精神症状 148, 165
精神的健康 168
性的逸脱行動 105
制度の確立 169
生物学的年齢 11
生命表 8
セカンダリー・エイジ

ング..................... 11
セカンドメッセンジャ
　ー 20
接触欠損妄想 153
絶対閾 25
宣言的記憶 41, 45
潜在記憶 45
染色体 16
選択的注意 30
選択反応時間 35
せん妄 154
躁うつ病 146
想起体験 45
喪失 120
喪失感 101
喪失体験 156
躁状態 146
創造性 46, 49
創造性検査 49
創造性テスト 47, 48
創造性の発達 47
創造的業績 49
創造的生涯 52
創造的生涯の始まり . 52
創造的生産性 ... 49, 51
祖母の役割理論 13

た

体細胞の使い捨て理論
　..................... 12

代償作用 18
対人関係 95
体制化 42
大脳皮質 20
多発脳梗塞 163
短期記憶 41, 42, 43
単純反応時間 35
単純未来 176
単純未来としての死
　..................... 178
地域活動 112
地域社会 106
知覚 25
知的機能 162
知能指数 56
知能の古典的年齢曲線
　....................... 58
知能の終末低下 62
遅発緊張病群 152
遅発性分裂病 151
遅発パラフレニー群
　..................... 152
認知症 97, 135, 161
認知症様症状 150
認知症性老人 162
認知症の世界 162
認知症のニヒリズム
　..................... 161
認知症の理解 162
注意 30

中核症状 161
長期記憶 41, 42, 43
超高齢期
　（extremely-old）. 4
貯蔵 40
定型の病像 147
適刺激 25
でたらめ応答 156
手続き的記憶 41
テロメア 16
テロメラーゼ 16
展望的記憶 46
統合失調症 146, 170
動作性検査 56
動作性知能 59
頭部CT（コンピュー
　タ断層撮影）..... 141
動脈硬化 18
独自性 48, 49
独創性 47
特別な才能の創造性 47
トップダウン処理 ... 30
取り引き 179

な

内因性 7, 97
内因性精神障害 146
内分泌系 18
ニーズ 133
日常記憶 45

日常生活動作能力
　　（ADL）...... 135,161
ニューロジェネシス.22
年式 127
脳 19
脳幹部 20
脳器質性精神障害..161
脳血管性認知症
　　...... 97,143, 154, 161
脳血流量 20
脳梗塞 143
脳重量 19
脳出血 143

は

パーキンソニズム..164
パーソナリティ
　　（personality）........ 83
パーソナリティ類型.87
徘徊 165
廃用性衰退 97
迫害妄想 148
白内障 28
発達課題 153
離人神経症 157
早咲きの人 50
速さと正確さのトレー
　　ドオフ 37
パラノイア 153
反応時間 34

反応性うつ病 156
反応的抑うつ 180
被害妄想 170
非言語的な記憶 46
ヒステリー 156
非宣言的記憶 45
非定型の病像 147
否認 125
否認と孤立 179
皮膚寄生虫妄想 153
評価 136
病的体験 151
便こね 140
貧困妄想 148
不安 182
不安・焦燥 148, 165
不安神経症 156
フォーマルグループ 95
不穏 167
符号化 40
不死妄想 148
2つの命理論 128
不適刺激 25
普遍性 7
普遍的遅延モデル ... 36
扶養意識 98
プライマリー・エイジ
　　ング 11
フリーラジカル（遊離
　　基） 14

ブリンリープロット 36
フローの概念 136
分割的注意 30
平均寿命 8
ヘイフリック限界.... 16
弁別反応時間 35
片麻痺 164
防衛神経症 155
方略法 5
ポテンシャル（潜在能
　　力） 52
ボトムアップ処理.... 30
ボランティア活動 .. 116

ま

マスコミ 106
まだら認知症 163
町づくり 111
慢性および進行性の経
　　過 161
慢性期 151
慢性疾患 21
満足いく老年期 3
ミトコンドリア 15
未来分析 176
無為 140
無気力症 139
明順応 28
メタ分析 35
メディア 106

メランコリー親和性格
　.................149
免疫機能 18
妄想 105, 151
妄想症 151
もうろう状態 156
燃え尽き症候群......168
物盗られ妄想
　...........139, 154, 166
物忘れ 156

や

薬物療法 161
有害遺伝子蓄積説....13
有害性 7
有性生殖 9
ユニバーサル・デザイン
　.........................34
陽性症状 151
余暇生活 133, 134
余暇歴 135
予期不安 156
抑うつ 165, 180
抑うつ神経症 155
予後 154
欲求階層説 119
予備能力の低下 19

ら

ライフイベント 91
リーダーシップ 101
リーダー養成..........114
リハビリテーション
　...........130, 132, 164
流暢性 47, 48, 49
流動性知能 59
領域固有 38
緑化推進.................111
緑内障 28
レクリエーション財
　.........................136
レスパイト・ケア..168
連想テスト.....125, 129
老化性難聴..............18
老眼 18, 26
老人大学 113
老人斑 140
老人福祉法............. 110
老性自覚 90
老年期うつ病 147
老年期神経症.155, 171
老年心理学................6
老年性難聴..............28

わ

ワーキングメモリー 21

| 老年期の心理学 |

2004年8月30日 第1版 第1刷 発行
2022年11月1日 第1版 第7刷 発行

編　　者　福屋武人
発行者　　発田和子
発行所　　株式会社 学術図書出版社

〒113-0033　東京都文京区本郷5丁目4-6
TEL 03-3811-0889　振替 00110-4-28454
印刷　三松堂（株）

定価はカバーに表示してあります.

本書の一部または全部を無断で複写（コピー）・複製・転載することは、著作権法でみとめられた場合を除き、著作者および出版社の権利の侵害となります。あらかじめ、小社に許諾を求めて下さい。

©2004　FUKUYA T.　Printed in Japan
ISBN978-4-87361-779-4　C3011